FACULTÉ DE DROIT DE PARIS.

THÈSE

POUR

LE DOCTORAT

SOUTENUE

par

Léonidas PATZOURIS

AVOCAT.

PARIS,

CHARLES DE MOURGUES FRÈRES, SUCCESSEURS DE VINCHON,

Imprimeurs-Éditeurs de la Faculté de Droit de Paris,

RUE JEAN-JACQUES-ROUSSEAU, 8.

1862.

FACULTÉ DE DROIT DE PARIS.

THÈSE
POUR LE DOCTORAT.

DES SECONDES NOCES
ET DE LEURS EFFETS
TANT EN DROIT ROMAIN QU'EN DROIT FRANÇAIS.

L'acte public sur les matières ci-après sera soutenu,
le samedi 16 août 1862, à dix heures,

Par LÉONIDAS PATZOURIS, né à Bukarest
(Principautés-Unies).

Président, M. VALETTE, professeur,

Suffragants : MM. PELLAT, DURANTON, Professeurs. DEMANGEAT, VERNET, Suppléants.

Le Candidat répondra en outre aux questions qui lui seront faites sur les autres matières de l'enseignement.

PARIS,

CHARLES DE MOURGUES FRÈRES, SUCCESSEURS DE VINCHON,
IMPRIMEURS-ÉDITEURS DE LA FACULTÉ DE DROIT,
Rue J.-J. Rousseau, 8.

1862.

4839

DROIT ROMAIN.

DES SECONDES NOCES ET DE LEURS EFFETS

TANT EN DROIT ROMAIN QU'EN DROIT FRANÇAIS.

Le mariage a de tout temps été admis comme base fondamentale de la société, par les peuples les plus avancés en civilisation. A l'état d'institution, il régularise cette *maris ac feminæ conjunctio* que les Romains déclaraient de droit naturel, ces rapprochements qui sont nécessités par la loi de la conservation des êtres. Les peuples les plus grossiers le consacrent instinctivement, avant même d'en avoir pu comprendre l'utilité. C'est qu'il est de la nature de l'homme de se porter vers l'utile avant d'y être poussé par la raison et le développement de ses forces intellectuelles.

Le mariage est surtout conforme à la nature de l'homme, de tous les animaux le seul absolument sociable. L'homme est créé pour vivre en société réglée : or, il serait bien difficile de concevoir une pareille société sans le mariage.

Les différents peuples n'ont pas tous compris le mariage de la même manière, mais tous se sont accordés pour lui reconnaître une dignité que n'ont pas les unions passagères.

En dehors de ce point de vue, auquel se placerait le pur moraliste, il en est un autre qui intéresse le législateur : c'est que le mariage est éminemment prolifique. Quant à nous, il nous semble qu'il sera d'autant mieux dans la donnée politique et économique, qu'il identifiera plus complétement les époux l'un à l'autre. Les conditions de cette identification seront surtout dans l'indivisibilité de la condition des époux. Aussi les nations occidentales paraissent-elles bien avoir compris les choses de cette façon, car chez les peuples les plus civilisés la condition de la femme n'est pas une condition d'infériorité ; le rôle du mari n'est pas celui d'un maître, mais celui d'un protecteur.

Si donc le mariage est moral et utile, le second mariage en lui-même doit l'être aussi. Les Romains l'avaient ainsi compris. A une époque où la population de Rome avait décru d'une manière effrayante, où la dépravation des mœurs, plus encore que les longues guerres de la république, avait décimé les citoyens, on s'efforça de remédier à cet état de choses affligeant, et l'on porta des lois qui présentent tout un système destiné à conjurer le mal. Ces lois sont les lois Julia et Papia Poppæa. Elles établirent contre l'adultère des pénalités terribles, coupant court ainsi aux entreprises galantes des débauchés, généralement célibataires. Elles frappèrent d'incapacités considérables les *cœlibes* et les *orbi;* elles attachèrent de grands avantages à la paternité, et constituèrent ce qu'on appelle le *jus liberorum*. Elles tinrent compte de certaines affections ou de certaines nécessités de convenance qui eussent pu éloigner des personnes du *matrimonium justum*, et régularisèrent le *concubinatus*. Elles formulèrent en un mot une foule de dispositions dont nous n'avons indiqué que quelques-unes, et dont nous n'examinerons en détail que celles qui touchent à notre matière.

Les lois Julia et Papia Poppæa ont été portées toutes deux dans le but de pousser les citoyens romains au mariage; elles prononçaient toutes deux des peines contre les *cœlibes* et les *orbi*, sans distinguer entre la personne qui ne s'est jamais mariée et celle qui, après la dissolution d'un premier mariage, reste dans le célibat. Loin d'interdire les secondes noces, ces lois les recommandaient donc. Elles offrent bien, il est vrai, quelques prohibitions qui viennent entraver le convol de certaines personnes à de nouvelles noces, mais ces prohibitions s'expliquent par des raisons d'un ordre tout particulier. Ainsi, l'affranchie que son patron avait prise comme *uxor* ne pouvait, sans le consentement de son mari, le quitter pour prendre un nouvel époux : *Divortii faciendi potestas libertæ, quæ nupta est patrono, ne esto,* disait la loi Julia, *De maritandis ordinibus* (loi uniq., D., *Unde vir et ux.*). Cela ne signifiait pas cependant que cette femme, qui n'avait plus la volonté de rester en mariage avec son patron, continuât d'être sa femme malgré elle (L. 11, D., *De divort. et repud.*). Mais si l'affranchie, oubliant ce qu'elle devait à celui qui l'avait tirée de sa condition d'esclave, manquant de la sorte à tout sentiment de reconnaissance, sans pitié pour l'affection de l'homme à qui elle devait tout, voulait se séparer de lui, elle n'aurait le *connubium* avec personne (L. 1, C., *De incest.*). Ulpien (L. 1., pr., D., *De concub.*) pense même que l'affranchie dont son ancien maître n'aurait fait qu'une concubine, et qui, par conséquent, lui devrait moins, si elle se séparait de lui sans son aveu ne pourrait pas devenir l'épouse d'un autre homme. La raison qu'Ulpien donne de son opinion personnelle ne manque pas de bizarre prévoyance. *Honestius est,* dit-il, *patrono libertam concubinam quam matremfamilias habere.*

Pour échapper aux incapacités établies par ces lois, il fallait donc que la personne dont le mariage était dissous se remariât, à moins qu'elle n'eût atteint l'âge après lequel on était dispensé de convoler à de nouvelles noces (Ulp. *Reg.*, tit. XVI, § 1).

La loi Julia avait cependant permis aux femmes de ne se remarier qu'un an après la dissolution du précédent mariage s'il avait été dissous par la mort du mari, et six mois après, s'il avait été dissous par le divorce. La loi Papia prolongea ces délais, et accorda à la femme deux ans dans le premier cas et dix-huit mois dans le second. La peine portée par cette loi consiste en ce que l'époux qui ne convole pas en secondes noces après les délais accordés par ces lois est frappé d'incapacité de recevoir par testament. Du reste, les personnes, même mariées, quand elles n'avaient pas d'enfants, ne pouvaient recevoir à titre d'héritiers ou de légataires que la moitié des dispositions faites à leur profit (G. II, 286). Comme fidéicommissaires, on leur permettait cependant de recueillir la totalité de ce qu'il avait été dans l'intention du défunt de leur attribuer, mais le sénatus-consulte Pégasien réforma ce point, et décida que le fidéicommis, comme le legs, serait enlevé aux *cœlibes* et aux *orbi* et serait revendiqué par les *patres* (G. II, 286). Un sénatus-consulte décida aussi que la donation à cause de mort serait traitée comme les legs (L. 35. pr., D., *De mort. caus. don.*).

Les privations infligées aux *cœlibes* n'étaient pas infligées aux femmes pendant les délais de six mois ou d'un an que la loi Julia leur accordait, ni pendant l'année que la loi Papia avait accordée par complément de ce premier délai. C'est ce qu'Ulpien (*Reg. jur.* lib. XIV) exprime par ces mots : *feminis lex Julia . . . . . tribuit vacationem*, expression qui révèle bien l'idée d'un bénéfice accordé à la femme.

Il est probable que les lois Julia et Papia avaient admis la *vacatio* au profit des femmes, à titre de tolérance.

Si la femme restait sans se remarier, selon les distinctions que nous avons faites ci-dessus (pendant un an ou six mois, deux ans ou dix-huit mois), on ne la traitait pas comme *cœlebs*. On ne lui infligeait pas de privations ; mais, dans la pensée du législateur, il avait dû être en principe que si elle convolait plus promptement à de nouvelles noces, elle n'en aurait que mieux fait. Ainsi, il nous semble hors de doute, pour le cas de divorce, qu'une femme qui serait accouchée dans les premiers mois de la dissolution du mariage aurait bien fait de se remarier avant l'expiration des six mois. Cependant notre observation ne s'applique qu'au cas de dissolution du mariage par divorce, car lorsque le mariage était dissous par le décès du mari, il y avait, dès le siècle de Romulus, s'il faut en croire Ovide (1), un délai consacré par les mœurs et fixé sans doute par les jurisconsultes à dix mois, ou, en d'autres termes, à l'année romulienne, délai pendant lequel la veuve qui se serait remariée aurait été considérée comme infâme. Ce délai était le délai de deuil. Tant qu'il n'était pas expiré, la femme devait s'abstenir des fêtes, ne point porter de bijoux, ne se vêtir que d'habits de couleur sombre (Paul. *Sent.*, lib. I, tit. XXI, §§ 13 et 14). Un sénatus-consulte, ainsi que nous l'apprend l'empereur Gordien (L. 15, C., *Ex quib. causis infam. irrog.*) fit plus tard remise aux femmes des signes extérieurs du deuil. Les empereurs Gratien, Valentinien et Théodose, augmentèrent ce délai de deux mois (L. 2, C., *De sec. nupt.*). A partir de ces empereurs, la durée du deuil fut de douze mois, c'est-à-dire de l'année telle que l'avait déterminée Numa.

---

(1) Ovide, *Fast.*, 1, v. 27 et suiv. :

Tempora digereret quum conditor Urbis, in anno
    Constituit menses quinque bis esse suo.
Scilicet arma magis quam sidera, Romule, noras,
    Curaque finitimos vincere major erat.
Est tamen et ratio, Cæsar, quæ moverit illum
    Erroremque suum quo tueatur, habet.
Quod satis est, utero matris dum prodeat infans,
    Hoc anno statuit temporis esse satis.
Per totidem menses a funere conjugis uxor
    Sustinet in vidua tristia signa domo.

Il y avait des maris dont la femme n'était point tenue de porter le deuil. Les coupables de haute trahison, les suppliciés, les suicides, du moins quand c'était le trouble de leur conscience et non le dégoût de la vie qui les avait poussés à se donner la mort, ne méritaient pas d'être pleurés (L. 11, D., *De h. qui not. inf.*). La femme de ces personnes aurait pu se remarier aussi du moment que la confusion de part n'eût plus été à craindre, après six mois, par exemple, selon le système de la loi Julia, après dix mois, selon le système moins raisonné du préteur, et même plus tôt si elle avait mis au monde un enfant depuis le décès de son mari.

Nous venons d'exprimer l'idée que, d'après la loi Julia, il n'y aurait eu rigoureusement qu'un délai pendant lequel la femme n'eût pas dû se remarier : c'eût été le délai nécessaire pour éviter la confusion de part ou les superfétations ; ce délai, la loi Julia elle-même l'avait fixé à six mois. Le préteur (L. 11, § 1, D., *De h. qui not. inf.*), ne songeant qu'à la durée de la plus longue gestation, avait pensé, sinon que la confusion de part serait possible quand la femme se remarierait avant dix mois accomplis, du moins qu'avant ce délai il pourrait se produire une fâcheuse *turbatio sanguinis*; en conséquence, il avait voulu que, dans le cas où, par exemple, la femme n'était point tenue de *lugere maritum*, elle ne se remariât pas cependant avant l'expiration des dix mois. Toutefois, lorsque la femme était accouchée dans ce délai, ne lui interdisait-il pas de se remarier immédiatement (L. 11, § 2, D., *De h. qui not. inf.*). C'est aussi d'ailleurs ce qui était permis par la loi Julia à la femme divorcée qui serait accouchée dans les six mois de la dissolution du mariage, ou qui, s'il faut en croire Tacite (*Annales*, liv. 1) et Dion-Cassius (liv. 59, *Ad ann.* U. C. 790 : Ἄν γε μὴ ἐν γαστρὶ ἔχωσι) ne serait certainement pas enceinte. Alors, en effet, aucune raison de convenance ne lui prescrit de paraître regretter le mariage dissous.

A propos des délais établis par les lois Julia et Papia, Cujas fait observer qu'il n'y a pas un rapport mathématique exact entre les délais de la première de ces lois et ceux de la deuxième. Le délai de *vacatio* de la loi Julia, après dissolution de mariage par le divorce, était de six mois; il devient de dix-huit sous la loi Papia: donc il est triplé. Il est dès lors rationnel, dit-il, que le délai de *vacatio* établi par la loi Julia, quand c'est la mort du mari qui a dissous le mariage, soit triplé également, et Cujas, décidé par une simple allusion de Suétone, n'hésite pas à remplacer le délai de deux ans, indiqué dans Ulpien, par un délai de trois ans.

Il aurait tout aussi bien pu tenir pour exact le délai de deux ans par lequel la loi Papia double, dans le cas de mort du mari, le délai d'un an que la loi *Julia* accordait à la veuve, et prétendre que dans le cas de divorce l'ancien délai de six mois n'avait dû aussi être que doublé. Il aurait satisfait son goût pour les proportions arithmétiques, en faisant au texte une correction aussi admissible que celle qu'il hasarde. Il lui aurait suffi, en effet, de mettre sur le compte d'une erreur de copiste l'indication de six mois jetée à la suite de l'année, et de lire : *Lex Papia a morte viri tribuit feminis biennium, a repudio annum,* au lieu de : *annum et sex menses.*

Nous sommes, quant à nous, profondément convaincu de l'exactitude du texte d'Ulpien, et nous nous expliquons parfaitement le système des deux lois. La loi Julia avait compris la convenance qu'il y avait à ce qu'une femme ne passât pas immédiatement dans les bras d'un second mari après la mort du premier. On conçoit parfaitement qu'alors on ne la soumette pas à la triste nécessité de contracter une nouvelle union avant que sa trop légitime douleur soit suffisamment émoussée. Quand c'est par le divorce que le mariage est dissous, les regrets de la femme ne peuvent pas être bien vifs. Elle ne doit rester *cœlebs* que pendant les six mois nécessaires pour éviter la confusion de part. Mais probablement les promoteurs de la loi Papia Poppæa s'étaient fait les réflexions suivantes : si les convenances exigent, si la nature même ordonne que pendant un an la veuve pleure son mari ; si l'intérêt de famille veut que la femme divorcée ne puisse pas pendant six mois contracter un nouveau mariage, la nature, les convenances, les mœurs, veulent que, dans ces délais, la femme vive retirée du monde, et n'apparaisse pas comme cherchant un nouvel époux. Eh bien, ce n'est qu'à partir de l'année ou des six mois qu'elle doit se mettre en mesure de former un nouveau lien. Or, pour parvenir à former une nouvelle union sortable, un an est nécessaire à la femme : dès lors, aux délais anciens de la loi Julia ajoutons un an, ce qui donnera deux ans dans le cas de veuvage, dix-huit mois dans le cas de divorce.

Aux hommes il n'avait été accordé aucune *vacatio*, de sorte qu'à peine leur premier mariage dissous, ils devaient se hâter d'en contracter un nouveau. Si cette disposition n'a rien d'excessif dans le cas de divorce, il faut avouer qu'elle a quelque chose de cruel quand c'est par la mort de la femme que le mariage est dissous.

On ne considérait pas comme *cœlibes*, et par suite on ne soumettait pas aux incapacités des lois Julia et Papia Poppæa, les hommes âgés de moins de vingt-cinq ans et les femmes âgées de moins de vingt qui n'étaient pas encore mariées. Seulement Tertullien fait remarquer que si l'on ne peut pas, dès que l'on a atteint l'âge dont nous venons de parler, se dispenser de contracter mariage, on n'échappe pas non plus, dès cet âge, à l'incapacité résultant de l'*orbitas*, de sorte que l'homme qui, par exemple, aurait attendu d'avoir vingt-cinq ans pour se marier ne serait en effet plus *cœlebs* à ce moment, mais serait, sans aucun doute, *orbus*. D'où il suit que pour se trouver en règle avec les deux lois, on devrait avoir des enfants en même temps qu'on contracterait mariage. Cujas (tom. IX, *ad tit.* 58, lib. VIII, *Cod.*), frappé de cette observation, incline à penser que l'empereur Sévère avait accordé aux personnes nouvellement mariées le délai de dix-huit mois, dont parle Ulpien dans le titre 16 de ses *Regulæ juris*, pour avoir des enfants.

Ce n'est pas, du reste, Sévère qui supprima les incapacités établies par les lois Julia et Papia Poppæa; elles ne furent complétement supprimées que sous Constantin. Sévère se serait simplement contenté d'établir une *vacatio* de deux fois neuf mois à partir du mariage contracté par une femme à vingt ans ou par un homme à vingt-cinq, tandis qu'aux termes des lois caducaires, il n'y avait de *vacatio* que pour les femmes entre la dissolution d'un premier mariage et la conclusion d'un second.

Claude, au rapport de Suétone, avait fait remise des incapacités résultant du *cœlibatus* et de l'*orbitas* aux citoyens qui avaient construit un navire destiné au commerce.

Nous avons dit que les lois Julia et Pappia Poppæa défendaient aux *cœlibes* de rien recevoir par testament. Toutefois, ces lois leur accordaient cent jours, à dater de la mort du testateur, pour se mettre en règle en contractant mariage.

Cujas est d'avis que certains cognats échappaient à l'application de la règle, et il pense qu'une exception était faite en faveur de ceux des cognats que le préteur appelle à la *bonorum possessio unde cognati*, c'est-à-dire en faveur des cognats jusqu'au sixième degré, et parmi ceux du septième, en faveur des enfants de cousin ou cousine issus de germains (Inst., lib. III, tit. v, § 5).

Quoi qu'il en soit, ni homme ni femme, en principe, n'auraient eu le droit de *capere ex testamento* qu'à la condition d'être engagé dans les liens du mariage, ou au moins du concubinat. Ce n'est que dans des cas spéciaux, ou par suite de faveurs toutes particulières, qu'il en eût été autrement. Homme ni femme n'auraient eu, sans exception, le droit de réclamer les parts caduques, qu'autant que du *matrimonium* ou du concubinat des enfants leur seraient nés. Être engagé dans les liens d'un premier mariage ou rentrer dans les liens d'un second était donc une véritable nécessité à Rome.

Dans bien des circonstances le divorce s'accomplissait en vue d'une nouvelle union à former, et cela bien souvent sans que les époux, qui dissolvaient leur mariage, fussent en de mauvais termes. C'est que pour ne pas encourir certaines privations il fallait avoir des enfants : or, l'union présente pouvait être stérile, et l'on était bien forcé de la rompre si l'on voulait se soustraire à des incapacités dont on ne croyait pas avoir la cause en soi.

Même quand on était actuellement *pater* et marié, il pouvait être important de divorcer et de s'unir à un nouveau conjoint, puisqu'on pouvait avoir des avantages d'autant plus grands qu'on avait un plus grand nombre d'enfants.

Ainsi l'homme marié qui n'a qu'un enfant et que Cujas appelle *solitarius* (1) n'est pas *orbus* (L. 148, D., *De verb. signif.*). Il peut donc *capere ex testamento* et *vindicare caduca*, mais il ne jouit pas des divers bénéfices qu'un plus grand nombre d'enfants pourrait lui assurer. Par exemple, au point de vue des *retentiones propter liberos*, au point de vue des *decimæ*, il n'a pas les mêmes droits qu'il aurait s'il avait deux, trois, ou un plus grand nombre d'enfants.

---

(1) Hotoman applique cette dénomination à celui qui n'a pas d'enfants, et conséquemment à l'*orbus*, ce qui nous paraît assez étrange, puisque la rubrique du tit. XIII d'Ulpien applique l'épithète de *solitarius* à un *pater*.

S'il est affranchi, que sa fortune soit de plus de cent mille sesterces et qu'il ait moins de trois enfants, son patron doit avoir une part virile dans la succession, tandis que s'il a trois enfants, son patron est exclu (G. Com. III, § 42; Inst., lib. III, tit. VII, § 2.). La femme ingénue, tant qu'elle n'a pas le *jus liberorum*, c'est-à-dire trois enfants en Italie ou quatre en province, est soumise à la tutelle; elle échappe à toute tutelle, même à celle de ses agnats, dès qu'elle a le *jus liberorum*. L'affranchie, tant qu'elle n'a pas quatre enfants, reste soumise à la tutelle de son patron et n'en est libérée que par ce nombre d'enfants (Ulp. *Reg. jur.*, tit. XXIX, § 3). On comprend donc toute l'importance qu'il peut y avoir à dissoudre un mariage infécond ou médiocrement fécond pour en contracter un autre dont on espère des fruits ou un plus grand nombre de fruits.

On voit aussi l'importance qu'il y a à se replacer à l'état de mariage, quand on a perdu un premier époux.

Les lois Julia et Pappia Poppæa étaient si peu conçues dans l'ordre des idées qui ont prévalu depuis, elles tendaient si peu à empêcher le second mariage des personnes qui avaient déjà des enfants, qu'elles permettaient, au contraire, à ces personnes de recevoir de leur nouvel époux des libéralités d'autant plus fortes que le nombre de ces enfants était plus grand.

A raison du mariage, l'époux est autorisé à attribuer à son conjoint le dixième de sa fortune en pleine propriété, et le tiers en usufruit. Il peut même lui en assurer le tiers en pleine propriété, si, du mariage dont il s'agit, des enfants sont issus. Mais, indépendamment de tout cela, quand, d'un précédent mariage, il sera resté des enfants à l'époux que son nouveau conjoint veut gratifier, il peut recevoir autant de dixièmes qu'il a d'enfants.

Du reste, ces lois caducaires furent, dès l'origine, l'objet de la plus puissante des réactions. Elles contrariaient la liberté de mœurs à laquelle les Romains s'étaient abandonnés; c'en était assez pour qu'on protestât contre ces dispositions. Ajoutons qu'elles faisaient violence à certains sentiments dignes de respect; qu'elles méconnaissaient ce qu'il pouvait y avoir de pieux dans l'opiniâtreté du veuvage, et nous nous rendrons compte des facilités données à qui voulut les éluder, longtemps même avant que le christianisme eût mis en faveur des principes tout nouveaux.

Que sous Auguste et au lendemain des lois Julia et Papia Poppæa, des fidéicommis, faits au profit d'un *cœlebs* ou d'un *orbus*, n'eussent pas été consacrés, c'est ce qui nous paraît fort probable. Mais il est bien certain que, déjà sous les premiers successeurs de cet empereur, leur validité fut reconnue. Cela nous paraît résulter très-positivement de ce passage de Gaïus : *Cœlibes quoque qui per legem Juliam hereditates legataque capere prohibentur, olim fideicommissa videbantur capere posse. Item orbi, qui per legem Papiam, ob id quod liberos non habent, dimidias partes hereditatum legatorumque perdunt, olim solida fideicommissa videbantur capere posse* (G. Com. II, § 286). Il ne fallut rien moins qu'un sénatus-consulte sous Vespasien, pour restituer aux prohibitions des lois caducaires leur ancienne autorité, et les empêcher de tomber à l'état de lettre morte. C'est encore ce que nous apprend Gaïus, dans la suite du même paragraphe : *Sed postea senatusconsulto Pegasiano perinde fideicommissa quoque ac legata hereditatesque capere posse prohibiti sunt, eaque translata sunt ad eos qui testamento liberos habent, aut si nullos liberos habebunt, ad populum, sicuti juris est in legatis et in hereditatibus*.

Les vieux usages romains prescrivaient aux femmes de porter le deuil de leur mari pendant dix mois (le même délai que le préteur avait fixé pour éviter la *turbatio sanguinis*), et cela sous peine d'infamie. Si la femme qui manquait à ce devoir de convenance était déclarée infâme, naturellement celle qui prolongeait au delà de ce terme les expressions de sa douleur devait être l'objet d'une considération toute particulière. Des pierres sépulcrales attestent qu'on faisait aux femmes, même à l'époque où les lois

Julia et Pappia Poppæa étaient en pleine vigueur, un mérite de n'avoir eu qu'un seul époux.

Le mari, de son côté, bien qu'il n'eût pas, comme la femme, le devoir de pleurer son conjoint (L. 9, pr. D, *De h. qui not. inf.*), bien qu'il ne fût pas forcé de porter le deuil, n'en était pas du moins empêché, et probablement, quand à un second mariage trop prompt il préférait l'incapacité établie par les lois caducaires, les louanges ne lui manquaient pas.

Souvent aussi, l'un ou l'autre des époux, au moment où la vie allait lui échapper, songeant avec douleur que l'être dont il allait se séparer pour toujours passerait peut-être dans les bras d'un autre, essayait de rassurer son âme contre ce malheur posthume, et faisait un legs à son conjoint sous la condition que celui-ci ne se remarierait point. La loi Julia Miscella avait à la vérité, dans le même esprit que les lois Julia et Pappia Poppæa, permis au légataire de méconnaître la volonté du testateur et de se remarier quand même, sans encourir la perte de la libéralité du défunt, pourvu que ce légataire déclarât sous serment que son seul but, en contractant de nouvelles noces, est d'avoir des enfants. Beaucoup sans doute profitèrent de cette facilité, et il dut y avoir bien des déclarations mensongères, habillées de serments sacriléges. (L. 2, C., *De ind. viduit*). Mais lorsque le légataire, plus soucieux des intentions du défunt et de la sainteté du serment, s'abstenait d'une nouvelle union, il devait être approuvé de tous, et il aurait été difficile, en effet, même au citoyen le plus exclusivement occupé de l'intérêt social, de diriger un blâme contre la loyauté de l'époux.

Ces sentiments, en eux-mêmes louables, durent être encouragés et par les gens de bien et par les dissipateurs, qui, systématiquement hostiles à toute idée de lien sérieux, n'aimaient pas plus les secondes noces que les premiers mariages. Les débauchés firent, sans doute, plus d'une fois de forts beaux réquisitoires contre les lois qui attentaient, disaient-ils, à la liberté humaine; les âmes honnêtes ne manquèrent probablement pas de déplorer des dispositions législatives qui plaçaient à heure fixe le terme des regrets. De part et d'autre on ne put manquer de trouver qu'un second mariage du moins avait des conséquences fâcheuses pour les enfants d'une union précédente; qu'il était susceptible d'altérer, d'éteindre même parfois, l'amour que le père ou la mère avait ressenti d'abord pour des orphelins; qu'il pouvait même les livrer souvent à la haine d'un beau-père ou d'une marâtre. Lors donc que l'établissement du christianisme eut changé le point de vue de l'ancienne société et fait, sinon tout d'abord, du moins assez promptement, du célibat un état de perfection, les empereurs trouvèrent tout formulés les considérants de leurs constitutions contre les seconds mariages.

Constantin commença par supprimer résolûment les incapacités résultant du célibat ou de l'*orbitas*. Le *cœlebs* et l'*orbus* n'encourront plus des privations auxquelles les personnes mariées et ayant des enfants eussent échappé. Gratien, Valentinien et Théodose, dans une première constitution que le Code de Justinien nous a transmise, et qui ne se retrouve pas au Code Théodosien, confirmèrent l'infamie infligée aux veuves qui contracteraient prématurément des secondes noces et déterminèrent avec beaucoup de soin les incapacités qui pèseraient sur elles. Cette constitution forme la loi 1, C., du titre *De secundis nuptiis*, qui est le siége de notre matière et dont nous allons nous occuper.

Ainsi que nous venons de le dire, la première des peines énumérées par cette loi est la note d'infamie. Elle était encourue non-seulement par la femme, mais aussi par celui qui l'épousait, s'il savait qu'il épousait une veuve dans le délai de deuil, et par le père de cet époux, s'il ne s'était pas opposé à un pareil mariage. Est frappé de la même peine le père de la femme, si, dans ce même délai de deuil, il lui a fait épouser un second mari (L. 1, D., *De h. qui not. inf.*). Les conséquences de cette peine sont très-graves. Ceux qui en sont frappés sont déchus de leurs dignités (L. 1, D., *Ad leg. Jul. de vi priv.*; L. 2, C., *De dignit.*; L. 8, C., *De decur.*; L. 1, C., *De re milit.*). Ils ne peuvent être choisis pour juges, ils ne peuvent se porter accusateurs (L. 8, D., *De accusat.*); ils n'ont pas l'exercice de l'action publique (L. 4, D., *De popul. act.*); ils souffrent une aggravation de peine, s'ils se rendent coupables d'un crime L. 28, § 16, D., *De pœn.*)

La seconde peine infligée à la femme qui se remarie dans le délai de deuil consiste en ce qu'on lui défend de donner plus du tiers de ses biens à son second mari, ou de disposer au profit de celui-ci par testament d'une valeur supérieure à ce tiers.

La troisième peine est celle qui empêche la femme de *capere ex testamento aliorum, ex codicillis vel mortis causa donationibus*. La part qui lui aura été donnée ou léguée ne profitera pas au fisc, mais à l'héritier, ou accroîtra au colégataire (L. uniq., § 3, C., *De cad. toll.*), les auteurs de la loi ayant voulu, comme ils le disent eux-mêmes, que leurs décisions, suscitées par l'intérêt des mœurs publiques, ne pussent point paraître dictées par une préoccupation des intérêts de leur trésor. En outre, ils voulurent que cette femme fût privée des dons qu'elle tiendrait de la dernière volonté de son précédent mari, et bien que ces dons fussent vacants par l'effet du second mariage, néanmoins la constitution qui nous occupe y admettelle encore, de préférence au fisc, les dix personnes appelées par le préteur à la *bonorum possessio unde decem personæ* (1) et à leur défaut le fisc. Ces personnes viennent en ordre de degrés, le plus proche excluant le plus éloigné.

Il faut assimiler aux legs faits par testament tout avantage que le mari aurait fait à la femme par acte de dernière volonté, fidéicommis, donation *propter nuptias* (L. 2, L., t.), donation à cause de mort, qui a été assimilée aux legs par Justinien (L. 4, C., *De don. caus. mort.*), donation même ordinaire, car cette donation intervenue entre époux est assimilée au fidéicommis (L. 12, C., *Ad leg. Falcid.*). Remarquons, enfin, que le fisc ne viendra qu'autant que la libéralité aura été faite à la femme par le testament de son premier mari, tandis qu'il ne vient nullement lorsque c'est un tiers qui, par testament, aura fait une libéralité à la femme. La raison de la différence, c'est que dans le premier cas la femme, en n'observant pas le respect dû à son mari défunt, *injuriam ei fecit*, et s'est rendu indigne de lui succéder, tandis que dans le cas où c'est un tiers qui lui aura fait un legs, des secondes noces hâtives ne peuvent

(1) Ces dix personnes sont : le père, la mère, l'aïeul et l'aïeule tant paternels que maternels, le fils, la fille, le petit-fils, la petite-fille, le frère, la sœur, tant consanguins qu'utérins.

blesser en rien ce tiers; la femme, dans ce cas, ne s'est pas rendue indigne vis-à-vis de celui-ci : or, il est de principe que le fisc ne vient que dans le cas d'indignité en remplacement de la personne qui a encouru l'indignité. Cette déchéance est la quatrième énumérée dans notre loi.

La cinquième peine consiste en ce que cette femme est exclue de toute succession *ab intestat* à laquelle elle serait appelée, soit *jure civili*, soit *jure prætorio*. On ne lui réserve de droits que dans la succession *ab intestat* de parents dont elle ne serait pas éloignée de plus de trois degrés.

Il faut remarquer que l'empereur peut relever de la note d'infamie la femme qui s'est rendue coupable d'un convol prohibé (L. 4, C., *ad. S.-C. Tertull.*). Si la femme a des enfants d'un précédent mariage, elle n'obtiendra remise de cette peine qu'autant qu'elle aura fait à ses enfants donation de la moitié des biens qu'elle avait au moment de son mariage; cette donation devra avoir lieu sans réserve d'usufruit. En outre, si un des enfants donataires vient à mourir *ab intestat,* la part de biens qu'il aura prise dans la donation de sa mère fera retour à ses frères et sœurs, à l'exclusion de la mère.

La loi 2 de notre titre fixe le délai de deuil. En 381, le 3 des calendes de juin, c'est-à-dire au moment même de la tenue du concile de

Constantinople, les mêmes empereurs, Gratien, Valentinien et Théodose, sous les inspirations sans doute des ecclésiastiques dont ils étaient spécialement entourés, déclarèrent que la durée du veuvage serait, non-seulement de dix mois, mais d'un an. Notre loi 2 (elle est la première du Code Théodosien) contient cette déclaration et exprime le regret de n'avoir pas été plus loin.

Ce délai, ainsi que nous l'avons déjà dit, était autrefois de dix mois, qui composaient l'année ancienne commençant au mois de mars et finissant au mois de décembre.

C'est à cet ancien délai que fait allusion la loi 11, D. *De h. qui not. inf.*, qui l'appelle le *legitimum tempus*. Notre loi ajoute deux mois à cet ancien délai. Remarquons que, quoiqu'on dût porter le deuil des ascendants et des descendants, on n'encourait pas la note d'infamie pour ne l'avoir pas porté, et ce deuil ne faisait pas obstacle au second mariage : dans ce dernier cas, les Romains n'avaient pas fixé de délai; chacun portait le deuil *secundum animi sui patientiam, prout quisque voluerit* (L. 23, D., *De h. qui not. inf.*).

Le délai de deuil de la femme pouvait être diminué ou même prendre fin à l'expiration de l'année, dans certains cas déterminés. Le sénat pouvait le restreindre, soit pour honorer le prince, soit à l'occasion d'une victoire remportée, soit enfin en décrétant des jours d'allégresse. Cette diminution n'avait pour effet que de permettre aux femmes de déposer leurs vêtements de deuil, mais non de convoler à de secondes noces avant l'expiration de l'année (L. 15, C., *Ex quib caus. inf. irrog.*) En dehors de ces cas, le deuil pouvait encore prendre fin par la naissance d'un enfant, par le retour de chez l'ennemi du père, du fils, du frère ou du mari, par les fiançailles d'une fille, par l'accomplissement de sacrifices dans les fêtes de Cérès, enfin par l'accomplissement de l'année lustrale.

Loi 3, C., *De sec. nupt.*— Cette loi s'occupe de la femme qui a religieusement observé le délai de deuil et qui a convolé à de secondes noces, lorsqu'elle avait des enfants d'un premier mariage. Dans ce cas, la loi l'oblige de conserver à ses enfants du premier lit tout ce qu'elle tient du premier mari, soit à titre de donation *propter nuptias*, soit à titre d'héritière, soit à titre de legs ou de fidéicommis. Elle n'est cependant pas obligée de leur conserver la dot qui lui est revenue par la mort du mari, de même que le mari n'est pas tenu de conserver, au profit de ses enfants du premier lit, la donation *propter nuptias* qui lui revient à la mort de sa femme (L. 18, C., *De don, ante nupt*).

La femme qui se remarie a le droit, aux termes de cette loi, de choisir parmi ses enfants du premier lit celui auquel elle veut faire arriver tous les biens que la loi l'oblige de conserver.

Nous verrons que la législation postérieure des Novelles enlève ce droit à la mère.

La femme n'a que l'usufruit de ces biens et la nue propriété appartient aux enfants du premier mariage, d'où il résulte qu'elle ne peut ni aliéner ni hypothéquer ces biens. Les enfants du premier lit, dans le cas d'aliénation, pourront, si le bien aliéné existe, le revendiquer entre les mains du tiers détenteur, et s'il n'existe plus ou que la prescription de trente ans se soit accomplie en faveur du tiers détenteur, se faire indemniser sur la fortune de leur mère. A ce point de vue, la constitution a donc pu dire que la femme n'avait plus qu'un droit de possession et d'usufruit, et non un droit de disposition.

Le § 1 de cette loi ajoute que la femme ayant plusieurs enfants du premier mariage, lorsqu'elle succède à l'un d'eux *ab intestat*, doit conserver, au profit des autres enfants du premier lit, les biens qu'elle a recueillis dans la succession du fils prédécédé.

Notre loi nous dit que la mère n'aura que l'usufruit de la part qu'elle recueille ainsi dans la succession de son enfant, et qu'elle devra garder la nue propriété au profit des frères et sœurs de cet enfant décédé.

Tout ce que nous avons dit ci-dessus n'est vrai qu'autant que la femme a contracté une nouvelle union avant la mort de son fils ; mais que décider dans le cas où elle s'est remariée après la mort du fils? On remonte alors à l'origine des biens de cet enfant pour en régler la dévolution. Il faudra distinguer entre les biens adventices et profectices qui composent la part de la mère. Les premiers lui arrivent en pleine propriété, sans qu'elle soit obligée d'en rendre compte; quant aux biens profectices, elle n'en a que l'usufruit, et la nue propriété est réservée aux enfants du premier lit. Telle était la décision donnée par Théodose et Valentinien (L. 5, C., *Ad. S.-C. Tertull.*). Nous verrons plus tard la législation des Novelles changer cette décision. Ainsi la Novelle 2 décidera qu'il ne faut plus distinguer entre le cas où la femme s'est remariée avant le décès de son fils et celui où elle s'est mariée après ce décès; elle supprimera la différence entre les biens adventices et les biens profectices, et enfin réservera une position invariable à la mère, soit que cette femme se remarie, soit qu'elle reste veuve. La Novelle 22 viendra encore changer l'état des choses. Elle ne distinguera plus si le mariage de la mère est antérieur ou postérieur à la mort de l'enfant, mais elle rétablira la différence entre les biens profectices et adventices, et tiendra compte à la femme de sa persévérance dans le veuvage : si elle est restée veuve, cette femme viendra pour une part virile en pleine propriété dans tous les biens indistinctement; si elle s'est remariée, elle n'aura que l'usufruit des biens profectices et la pleine propriété des biens adventices.

Les incapacités que nous avons énumérées, et qui en 382 pesaient sur les femmes remariées, n'empêchaient pas que si elles n'avaient eu aucun enfant du précédent mariage, ou si ceux qu'elles en avaient eu étaient décédés, les biens à elles provenus de leur époux défunt ne leur appartinssent en toute propriété, et qu'elles ne pussent en disposer au profit de toute personne.

Les empereurs Gratien, Valentinien et Théodose, n'avaient pas interdit par des dispositions formelles au père remarié la faculté de disposer à sa guise des biens qu'il tiendrait de sa première épouse. Toutefois ils lui donnaient le conseil de s'arranger de manière à réserver aux enfants du premier lit les biens par lui reçus de leur mère (L. 2, C. Theod., *De sec. nupt.*), et ce conseil vraiment impérial n'était pas sans affecter le ton de la menace : *Ne si ita necessitas persuaserit, circa eorum personam subsidio sanctionis exigi ab eis oporteat, quod optari interim sperarique condeceat*

Il était assurément dans l'esprit des auteurs de la constitution précitée, que les enfants de précédents lits ne reprissent contre la femme remariée que les biens provenus de leur père ; cependant des prétentions contraires se produisirent sans doute, puisque Théodose le Jeune et Honorius, dans la loi 4, *De sec. nupt.*, C., crurent devoir décider que les enfants d'un premier mariage ne seraient pas fondés à reprendre, dans *la succession* de leur mère, les biens que celle-ci aurait reçus d'un nouvel époux.

Cette loi 4 distingue dans le patrimoine de la femme les biens qu'elle tient du mari décédé à titre de donation *propter nuptias*, des autres biens. Ces gains nuptiaux sont censés être des biens paternels, ainsi que nous le dit notre loi : *Sibi speciale tanqam paternum noverint patrimonium vindicandum.* Les biens maternels, si la femme meurt sans avoir fait de testament, passent par égales portions, tant aux enfants du premier lit qu'à ceux du second. Quant aux biens que la femme tient de son précédent mari, ils sont exclusivement réservés aux enfants issus du mari qui a fait la donation. Ainsi les gains nuptiaux que la femme tient de son premier mari passent aux enfants du premier lit; ceux qu'elle tient du second mari passent aux enfants du second lit, et ainsi de suite.

Si la femme, à la mort de son mari, convole à de secondes noces, elle devra conserver aux enfants de ce mari décédé non-seulement tous les gains nuptiaux, mais encore tout ce qu'elle tient du mari, à quelque titre que ce soit; elle n'a que l'usufruit de ces biens, la nue propriété ayant passé aux enfants du précédent lit du jour de son nouveau mariage. Mais si elle reste veuve, les choses iront différemment. Elle aura alors la pleine propriété des gains nuptiaux et elle pourra soit les aliéner entre-vifs, soit en disposer par testament au profit de qui elle voudra. Si cependant, à sa mort, elle ne les avait ni aliénés ni légués, ils seront réservés aux enfants issus du mari qui lui aura procuré ces biens, et cela, même dans le cas où ses enfants répudieraient sa succession. Ce système est bien préjudiciable à la stabilité de la propriété. Quelle sécurité pourra donc avoir le tiers acquéreur des biens d'une femme veuve? Comment pourra-t-il s'assurer que cette femme ne se remariera pas (1).

Les biens que la femme tient du mari à tout autre titre qu'à titre de donation *propter nuptias*, par exemple, à titre de legs ou de fidéicommis, lui appartiennent en toute propriété (si elle n'a pas convolé à de secondes noces); elle peut les aliéner entre-vifs ou par testament, et si elle meurt sans en avoir fait l'attribution, ils se partagent également entre tous les enfants, soit du premier, soit du second mariage. Ce que nous venons de dire pour la femme qui ne contracte pas un second mariage,

---

(1) Les Novelles 98 et 127 viennent un peu modifier cette décision : elles accordent aux enfants du précédent lit la propriété des gains nuptiaux que la femme tient de son précédent mari, en réservant toutefois à cette femme en pleine propriété une part virile dans ces gains, comme *præmium viduitatis*.

après la mort de son premier mari, il faut le dire aussi de la femme qui, après la mort de son second mari, ne contracte pas de troisièmes noces. En résumé, de même que les gains nuptiaux, provenus à la femme de son premier mari, restent aux enfants seuls du premier lit, si elle ne s'est pas remariée, les gains qui lui proviennent de son second mari appartiennent exclusivement aux enfants du second lit, si elle ne passe pas à de troisièmes noces et si elle n'a pas aliéné ces gains de son vivant. Tout ce que la femme tient de son second mari à un autre titre qu'à titre de donation nuptiale se partage également entre les enfants des différents mariages si elle meurt intestat, ou suivant la part qu'elle aura faite à chacun d'eux si elle laisse un testament, à la différence de ce qui a lieu par rapport aux biens qu'elle tient de son second mari à titre de donation nuptiale. Ces biens appartiennent, en effet, aux enfants issus du second mariage, à moins que la mère n'ait manifesté sa volonté d'admettre ceux du premier lit à concourir avec ceux du second. Quant aux biens qu'elle tient de son second mari à un autre titre qu'à titre de donation nuptiale, il suffit que la mère meure intestat pour faire concourrir les enfants du premier lit avec ceux du second, et quant aux biens qu'elle a reçus de ce second mari à titre de donation nuptiale, il faut, pour permettre le concours, que la mère l'ait formellement voulu.

Ces explications nous serviront à comprendre ces mots de notre loi 4 : *Ad maternas sane veniens*, VEL EX HOC, *vel ex alio titulo quolibet facultates omnis posteritas*, etc. Ces mots *vel ex hoc titulo*, signifient à titre de donation nuptiale, par opposition à ce que la femme aurait *ex alio quolibet titulo*. La part de gains que la mère aurait pu rendre commune aux enfants de tous les mariages restera donc propre aux enfants du second mariage, si la mère n'a pas cru devoir y appeler ceux du premier. Il y aurait, d'après cela, une contradiction apparente entre la première et la seconde partie de la loi.

Aussi croyons-nous que c'est à tort qu'Accurce, se fondant sur le § 3 de la loi 8 de notre titre, décide que tous les biens que la femme tient de son premier mari seront partagés entre les enfants du premier et ceux du second mariage. Si la femme remariée n'a pas d'enfants du second mariage, les gains de survie qui lui compéteront à la mort de son second mari lui resteront propres; elle ne sera pas obligée de les conserver aux enfants du premier mariage, qui ne peuvent prétendre qu'aux biens provenus à la femme du chef de leur père.

Le conseil dont nous avons parlé plus haut, et que Théodose le Grand et ses collègues avaient donné aux hommes, de conserver en cas de second mariage, à leurs enfants du premier lit, les biens provenus de leurs premières femmes, n'avait pas été probablement suivi. Théodose le Jeune et Valentinien réalisèrent la menace, dont on n'avait pas tenu compte. A partir donc de cette loi (L. 5, C., *De sec. nupt.*), portée en l'an 444, les hommes sont assimilés aux femmes. Il n'y eut pas à rechercher si c'était un tiers qui avait fait une donation anténuptiale à la femme, au nom du mari, ou constitué une dot au mari, au nom de la femme, et peu importerait que la donation *propter nuptias*, faite par le mari, lui eût été retransférée par la femme à titre de dot (L. 82, D., pr., *De publ. in r. act.*). Il faut toutefois, dans ce cas, que le mari ait réellement mis en la possession de la femme les biens dont il veut la gratifier, et qu'il ne se soit pas contenté seulement d'augmenter la dot de la femme, en paraissant avoir touché ce que réellement il n'aurait pas reçu (L. 1, C., *De don. ante nupt.*).

Il faut que la donation ait été faite avant le mariage, car, si elle avait été faite pendant, elle aurait été nulle et n'aurait pu être confirmée que par la mort du donateur. Si le mari, pendant le mariage, avait fait une donation sous la condition qu'il recevrait en dot ce qu'il a donné, cette donation ne sera validée qu'à sa mort (L. 59, D., *De don. int. vir. et ux.*; L. 2, C., *De dot. caut. non num.*).

Dans tous les cas, pour que la donation ainsi validée puisse être réputée comme dot, il faut faire la distinction indiquée plus haut, c'est-à-dire, que le mari se soit effectivement dessaisi en faveur de sa femme des biens donnés.

Autrefois, lorsque la femme avait aliéné les biens qu'il lui était enjoint de conserver aux enfants du premier mariage, ces enfants n'avaient qu'une action personnelle contre les héritiers de leur mère, pour se faire indemniser, comme ils le pouvaient, du tort que l'aliénation, irrévocablement accomplie, leur faisait. Théodose et Valentinien changèrent ce système, tant en ce qui concerne le mari qu'en ce qui concerne la femme. Ils décidèrent par notre loi 5, C., *De sec. nupt.*, que les enfants auraient la propriété effective des biens que la constitution précédente voulait leur conserver. Auparavant, l'époux n'avait que l'usufruit, *pour ainsi dire*, de ces biens, mais à l'avenir, il n'en fut réellement plus qu'un simple usufruitier. Désormais l'époux survivant ne pourra ni aliéner ni engager les biens qu'il devait conserver aux enfants de son précédent mariage (L. 1, C., *De bon. matern.;* L. 8, § 7, C., *De repud.*); mais il est clair qu'il pourra, comme tout usufruitier, vendre ou hypothéquer son droit d'usufruit (L. 11, C., *De pign.*). Si l'époux avait contrevenu à la loi, les enfants pourraient revendiquer contre les tiers détenteurs les biens qui seraient encore entre les mains de ceux-ci. Il est entendu qu'ils n'auraient pas été privés de l'avantage d'agir personnellement contre les héritiers de l'époux dernier mourant, à l'occasion des choses qui ne se retrouveraient plus.

Remarquons que les tiers détenteurs n'auraient jamais pu opposer des prescriptions aux enfants, quelque longtemps qu'ils aient possédé la chose ainsi aliénée (L. 1, C., *De bon. matern.*).

L'époux survivant avait donc simplement l'administration de ces biens et le droit de représenter dans les actions qui y étaient relatives ses enfants *in potestate* (L. 1, C., *De bon. matern.*), d'où il suit que la femme, qui n'a jamais la *potestas* sur ses enfants, était privée de ce droit.

Quant à la faculté d'opérer le partage de ces biens selon son gré entre les enfants communs, ou même d'en faire une attribution spéciale à celui de ses enfants qu'il lui plairait de choisir, l'époux survivant le conserve encore sous Théodose et Valentinien.

Le paragraphe 5 de notre loi décide que les enfants auront droit à ces biens, encore qu'ils renoncent à la succession de celui de leurs auteurs dont ces biens proviennent, pourvu qu'ils acceptent la succession du dernier mourant. Ceci a été admis, *ne quod favore liberorum introductum est*, dit la loi, *quibusdam casibus ad læsionem eorum videatur inventum;* et, en effet, forcer les enfants d'accepter la succession de leur père pour pouvoir y prendre les biens qui seraient provenus à celui-ci de leur mère, ce serait les priver de ces biens dans le cas où la succession du père serait mauvaise (1).

Si l'époux survivant ne se remarie pas, il garde ses biens en toute propriété, mais s'il ne les a pas aliénés de son vivant, ou par acte testamentaire, ils reviennent aux enfants comme paternels ou maternels. Le droit des Novelles est venu encore innover sur ce point.

Si, en mourant, le mari avait laissé l'usufruit de ses biens à sa femme et que celle-ci se remariât, elle perdait, *ipso facto*, cet usufruit et devait le restituer aux enfants du donateur (L. uniq., C. Theod., *Si secund. nupt.*). Quant à l'usufruit des donations anténuptiales faites par le mari à sa femme, celle-ci continua de le conserver, conformément aux principes que nous avons examinés précédemment (L. uniq., C. Theod., *Si secund. nupt.*). En 412, les empereurs Honorius et Théodose eurent du reste soin de lever tout doute à cet égard dans une constitution des plus formelles (L. 3, C. Theod., *De secund. nupt.*).

Lorsque l'époux survivant bénéficiait des choses qu'il tenait de son conjoint, et c'est ce qui arrivait, comme nous le savons, s'il ne s'était pas remarié, les enfants reprenaient celles de ces choses qui se retrouvaient en nature dans

(1) Nous verrons que la Novelle XXII a été encore plus favorable aux enfants, puisqu'elle leur permet de prendre ces biens, tout en renonçant à la succession du premier mourant aussi bien qu'à celle du dernier.

la succession du dernier mourant. Ce fut là encore une innovation de Théodose et de Valentinien, suggérée, ainsi que ces empereurs le disent, par un sentiment d'humanité.

Loi 6, C., *De sec. nupt.* — Arrivent les empereurs Léon et Anthémius. Dans une constitution de l'an 469 (la loi 6, au Code, de notre titre *De sec. nupt.*), ces empereurs, pour mettre un frein à la multiplicité des secondes noces, et surtout pour protéger les enfants du premier lit contre l'aveuglement de leur père ou mère, ordonent à l'époux qui se remarie de ne donner à son nouveau conjoint qu'une part d'enfant le moins prenant, d'où il suit que s'il donnait exactement la quarte Falcidie à l'un de ses enfants du premier mariage, il ne pourrait donner davantage à son second époux.

Il faut combiner notre loi 6 avec la loi 1 de notre titre, qui défend à la femme remariée dans l'année de deuil de donner à son nouveau mari plus du tiers de ses biens, de sorte que dans ce cas, si même la part de l'enfant le moins prenant est plus forte que ce tiers, elle ne pourra pas cependant disposer au profit de son second mari d'une part égale à celle de cet enfant ; elle devra se borner à donner le tiers seulement de ses biens. Si, au mépris de cette prohibition, elle avait institué son mari héritier pour le tout, il aurait été réduit, soit à la part de l'enfant le moins prenant, soit au tiers des biens du défunt dans le cas où la part de l'enfant le moins prenant serait supérieure à ce tiers. Le surplus des biens aurait passé aux héritiers légitimes de la femme. Le principe qu'on ne peut décéder partie testat, partie intestat, recevait donc ici exception (L. 6, *De vulg. substit.;* L. 55, § 1, D., *De legat.* 2°). En outre, si cette femme s'est mariée dans l'année de deuil, elle ne pourra même pas disposer du tiers de ses biens au profit de son nouveau mari, si elle avait donné moins de ce tiers à un de ses enfants du premier lit.

Si la femme remariée a des enfants du premier mariage, et qu'elle ne possède pour toute fortune que la dot qu'elle s'était constituée lors de son premier mariage et qui lui était revenue à la mort de son mari, elle ne peut plus, dans le cas de second mariage, se la constituer tout entière au profit de son nouvel époux; elle ne peut en disposer que dans les limites de notre loi. Ainsi la décision de l'empereur Zénon (L. 18, C., *De don. ant. nupt.*), dont nous parlerons bientôt, et qui permettra à la femme de disposer librement de sa dot, qui lui est revenue par le décès de son premier mari, ne sera appliquée à la lettre que si la femme a d'autres biens sur lesquels elle puisse donner, à chacun de ses enfants du premier lit, autant qu'elle veut donner à son second mari.

La loi 6 annule aussi les donations faites à

des personnes interposées, dans le but d'avantager le second époux en dehors des limites permises par cette loi. Il faudra, sans aucun doute, regarder comme personne interposée l'enfant que l'époux que l'on veut gratifier avait d'un précédent mariage. Mais peut-on donner en dehors des limites de notre loi à l'enfant commun du second lit? Nous croyons qu'il ne faut pas regarder cet enfant comme personne interposée; on comprend en effet que dans ce cas la mère ait fait la donation, poussée par l'affection maternelle; et, en outre, les biens ainsi donnés à un enfant commun du second lit ne profitent pas au père en toute propriété, il n'en aura que l'usufruit (L. 1, C., *De bon. matern.*). Or, notre loi n'a pas pour but de restreindre en rien l'usufruit des biens donnés au nouveau conjoint.

Le paragraphe 1er de notre loi s'occupe exclusivement de la mère et distingue si les biens que la femme a reçus de son premier mari sont mobiliers ou immobiliers (1). Si donc il s'agit d'immeubles, la femme en a l'usufruit, sans être toutefois obligée de fournir caution aux enfants du premier lit, faveur qui constitue

(1) Aux immeubles Justinien ajoute les pains distribués quotidiennement *ex liberalitate principis*, appelés aussi *panes gradiles*, parce qu'ils étaient distribués du haut de gradins destinés à cet usage; ils sont assimilés aux immeubles, parce que c'était moins à la personne qu'à la maison qu'ils étaient dus. Ce droit appartenait au propriétaire de la maison et passait à l'acheteur de cette maison.

une exception à la règle qui veut que la caution soit fournie, qu'il s'agisse de meubles ou d'immeubles (L. 1, § 1, D., *Usufructuar. quemad. cav.*). Dans le cas, au contraire, où il s'agit de meubles, la loi force la femme d'en faire un inventaire et de procéder à leur estimation. Ces objets mobiliers ainsi estimés seront remis à la femme, pourvu qu'elle fournisse caution de les conserver, ou, à sa mort, de faire arriver à ses enfants du premier lit le prix auquel ils auraient été estimés.

Cette restitution, ajoute la loi, ne se fera que *secundum legum modum*, c'est-à-dire, déduction faite de la part qui reste à la mère dans le cas de décès de chacun de ses enfants; c'est ce que les lois appellent *luctuosum lucrum, triste lucrum, duræ fortunæ solatium*. (L. ult., C., *De inst. et substit.*; L. 11, C., *Communia de succ.*; L. 4, *Ad S.-C. Tertull.*). Si la mère ne peut ou ne veut fournir caution, on mettra ces objets mobiliers en la possession des enfants, qui alors seront soumis à la nécessité de fournir caution à leur mère, lui garantissant le payement annuel des intérêts à 4 % du prix de l'estimation. Du reste, celle des parties qui avait fourni caution à l'autre avait parfaitement le droit d'aliéner, et, à plus forte raison, d'engager les choses dont parle la constitution. L'aliénation ou l'engagement de ces choses était surtout nécessaire pour les enfants, afin de leur faciliter les moyens de subvenir à la pension qu'ils devraient fournir à leur mère.

Pour assurer aux enfants communs le retour des biens que la femme tenait de son mari, Léon et Anthémius établirent une hypothèque générale sur les biens de la mère (L. 6, § 2, C., *De sec. nupt.*). Cette hypothèque datait du jour de la libéralité faite par le mari à la femme, et en conséquence les enfants primaient tout créancier à qui la femme, même avant de convoler en secondes noces, aurait consenti des hypothèques sur les biens. Sous ces empereurs comme sous les précédents, le père ou la mère qui ne se remariait pas restait pleinement propriétaire des biens qu'il tenait du défunt, et pouvait en disposer à sa guise. Si à sa mort ces biens se retrouvaient dans sa succession, les enfants communs, même en répudiant cette succession, avaient le droit de les y reprendre (L. 6, § 3, C., *De sec. nupt.*). Si ni l'une ni l'autre des parties ne fournit caution, les choses resteront en la possession de la mère. Remarquons que la loi ne parlant que de la mère, le père n'est pas soumis à la nécessité de fournir caution (L. 8, § 4, C., *De bon. quæ lib. in potest.*

Lois 7 et 8, C., *De sec. nupt.* — Zénon décida que lorsque l'un des enfants viendrait à mourir, soit avant, soit après le second mariage de sa mère, et qu'il laisserait lui-même des descendants, sa part appartiendrait à ceux-ci, au lieu de profiter à ses frères et sœurs, comme cela arrivait antérieurement. Cette décision, facilement explicable lorsque l'enfant meurt après le second mariage de son père ou de sa mère, est plus difficile à comprendre quand c'est avant le second mariage qu'il est mort, car elle fait arriver aux descendants de cet enfant des biens sur lesquels lui-même de son vivant n'a jamais eu aucun droit. N'est-ce pas là une dérogation à la règle : *Nemo potest plus juris in alium transferre quam ipse habeat?* Non, car les descendants de cet enfant prédécédé viennent prendre la place de leur père au moyen du droit de représentation, et quoique plus éloignés d'un degré de leurs oncles ou de leurs tantes, ils concourent cependant avec eux, en venant prendre et se partager la part qu'aurait prise leur père.

Quand l'enfant décédé n'avait pas laissé de descendants, sa part passait à ses frères et sœurs. Elle leur passe *jure adcrescendi*, si leur frère est mort avant le convol du père ou de la mère. Si, au contraire, il est mort après ce convol, le droit d'accroissement n'est plus possible, *quod expiravit post acquisitionem portionis;* et alors ses frères et sœurs viendront, en vertu de notre loi, à l'exclusion du père ou de la mère qui a convolé à de secondes noces, à l'exception toutefois de la part que celui-ci se sera réservée *ex pacto convento in tabulis nuptialibus*, dans le cas de décès d'un enfant d'un premier mariage, *in casum* ἀπαιδίας, dit la Novelle XXII.

L'attribution faite par notre loi 7 aux descendants de l'enfant prédécédé ne supprime en rien la faculté qui avait appartenu au défunt de choisir parmi ses descendants celui ou ceux qu'il aurait voulu faire profiter de ces droits. Il put, du reste, par acte testamentaire, les attribuer même à un étranger, en vertu de la constitution 8 de notre titre. Nous verrons bientôt que la Novelle II modifie la faculté qu'avait eue jusqu'alors l'époux remarié, d'avantager certains de ses enfants à l'exclusion des autres.

Quant au droit accordé aux enfants, de reprendre, même en renonçant à la succession générale de leur père ou de leur mère non remarié, les biens que celui-ci tenait de son époux défunt, Justinien le déclare aboli, du moins pour le cas où quelqu'un des enfants accepterait l'hérédité (L. 8, § 3, C., *De sec. nupt.*).

A l'exemple de ce qu'avaient fait Léon et Anthémius en hypothéquant les biens de la mère remariée à la garantie des droits des enfants communs, Justinien déclare que les biens présents et à venir du père survivant seraient également grevés d'une hypothèque pour la restitution des valeurs qu'il tiendrait de sa femme (L. 8, § 4, C., *De sec. nupt.*).

Une hypothèque sur les biens du père garantit aussi aux enfants la restitution des biens à eux provenus de leur mère ou de leur ligne maternelle. Cependant ces sûretés ne devaient pas être pour les enfants l'occasion de vexer le père ou la mère dans son administration, attendu surtout que, grâce à l'hypothèque qui leur appartenait, ils étaient toujours certains d'être indemnisés, s'il y avait lieu, et cela quand même les biens auraient été aliénés (L. 8, § 5, C., *De sec. nupt.*)

Les libéralités supérieures à une part d'enfant le moins prenant que le père ou la mère, en contractant de nouvelles noces, auraient faites à leur nouvel époux, cessèrent d'être attribuées exclusivement aux enfants du donateur. Quand la réduction eut lieu, elle profita tant aux enfants du second lit qu'à ceux du premier; elle se partagea par tête entre tous (L. 9, C., *De sec. nupt.*).

Justinien ordonna que tout ce qui avait été antérieurement établi pour le cas de second mariage, après dissolution d'un premier par la mort du conjoint, s'appliquerait également pour le cas de second mariage après divorce.

Il paraît que les enfants de précédents mariages, dès qu'ils se virent assurés par la constitution de Léon et d'Anthémius d'avoir toujours, au moins dans la succession de leur père ou de leur mère remariée, une part égale à celle que l'époux remarié laisserait à son nouveau conjoint, se rendaient fréquemment coupables de mauvais traitements, de sévices, d'injures graves envers une personne dont ils n'avaient rien à redouter. Aussi Justinien (L. 10, C., *De sec. nupt.*) décida-t-il que le père ou la mère, même remariés, pourraient entièrement priver de leur succession les enfants reconnus coupables d'ingratitude.

Sous la réserve sans doute de ce qui précède, Justinien (Nov. II, chap. 2) crut devoir régler le sort des aliénations totales ou partielles qu'avant de se remarier le père aurait faites de la dot, la mère de la donation anténuptiale, au profit d'étrangers. Ces aliénations furent en suspens par le second mariage. Si, en effet, des enfants de la première union survivaient à leur auteur, les aliénations tombaient; si, au contraire, tous les enfants étaient morts, l'aliénation était maintenue. Nous verrons bientôt que ce même empereur, poussé par ce *sensus subtilis et sollicitus* dont il se félicite, inventa plus tard un système moins favorable aux enfants, mais peut-être plus judicieux.

La constitution 3, au Code, *De secundis nuptiis*, qui réservait aux enfants d'un même lit la succession de leurs frères ou sœurs décédés, et qui excluait de toute participation avec eux leur mère remariée, fut abrogée (Nov. II, chap. 3).

Fut abrogée pareillement la disposition contenue dans la loi 5, au Code, *Ad S.-C. Tertullianum*, d'après laquelle la mère remariée recueillait dans la succession de ses enfants du premier lit l'usufruit seulement des biens provenus du père, tandis qu'elle avait, en toute propriété, les biens que l'enfant défunt avait acquis *extrinsecus*.

On avait fini par s'apercevoir que les obstacles mis au second mariage des femmes ne produisaient pas, au point de vue moral, de bien merveilleux résultats; aussi Justinien (Nov. II, chap. 3) restreignit-il considérablement les incapacités qui résultaient d'un second mariage. Il ne faut pas, dit-il, que les inconvénients pécuniaires que pourrait avoir pour des femmes une union chaste, en définitive, portent ces femmes à s'abstenir d'un second mariage pour se livrer à des relations interdites et se prostituer, quelquefois même à des esclaves. Ce sont là d'amères nécessités, auxquelles il est bon de les soustraire. Sans doute, sont louables et dignes d'être citées celles qui, ayant appartenu une fois à un époux, conservent inviolé le lit du défunt; elles ne diffèrent guère alors de celles qui sont restées vierges; *hujusmodi mulierem et miramur pariter et laudamus, et non procul a virginitate ponimus*. Mais lorsque, entraînée par la chaleur de la jeunesse et des sens, elle ne peut résister à l'entraînement de la nature, *nec possit contra fervorem naturæ resistere*, elle ne doit pas être tourmentée pour cela. Du moment qu'elle contracte une nouvelle union décente, elle succèdera à ses enfants du premier lit, et de même que les hommes qui se remarient ne sont pas exclus des biens desdits enfants, de même la mère n'en sera pas repoussée. Elle ne sera plus exposée à voir des parents éloignés prendre, à son exclusion, les biens de ceux qu'elle a mis au monde, de ceux qu'elle a nourris. Ces biens, c'est désormais à elle qu'ils reviendront en toute propriété. Il est bien entendu que si l'enfant défunt avait fait un testament, ses dispositions testamentaires produiraient leur effet, et que s'il n'a pas jugé à propos d'appeler la mère à sa succession, elle en sera exclue, sauf son droit d'attaquer le testament comme inofficieux. En ce qui touche la donation anténuptiale, la femme qui convolait à de secondes noces ne la recueillait pas en qualité d'héritière de son fils. Cette donation constituait un gain pour les frères et sœurs du défunt, et n'était pas comprise dans l'hérédité de celui-ci.

Modifiant la loi 6, au Code, *De secundis nuptiis*, relative à la donation anténuptiale qui, à la mort de la femme remariée, doit toujours revenir aux enfants du premier lit, Justinien, favorable à ces enfants comme il vient de l'être à la mère, relativement à l'hérédité du fils décédé *intestat*, décide qu'à l'avenir la femme à qui son premier mari aurait fait une donation anténuptiale consistant en argent ne pourra plus, à moins qu'il ne se trouve du numéraire dans la succession du donateur, exiger moyennant caution que ses enfants lui en remettent la somme, ce qui souvent les soumettait à aliéner les immeubles pour se procurer les espèces dont ils étaient débiteurs, mais qu'elle pourra seulement réclamer l'intérêt à 4 p. °/ₒ de la somme qui lui est due.

Quand la donation anténuptiale consistera en immeubles, la femme en aura directement la jouissance, et ne pourra, en refusant de fournir des garanties, mettre ses enfants dans la nécessité de lui payer l'intérêt de la valeur estimative de ces biens (Nov. II, chap. 4).

Lorsque la donation anténuptiale portait en partie sur les meubles, en partie sur les immeubles, les principes que nous venons d'exposer se combinaient.

Tel était l'état de la législation, lorsque par une Novelle célèbre adressée au préfet du prétoire, et dont les exemplaires furent transmis aux personnages les plus éminents de l'empire (Nov. XXII, *Epilog.*), Justinien vint fixer les principes en matière de secondes noces.

L'ancien droit, ainsi que le remarque l'empereur et que nous l'avons nous-même constaté, n'avait pas distingué les premiers mariages des seconds ; il permettait aux pères et aux mères de passer successivement à de nouvelles noces, sans les priver d'aucun avantage nuptial. C'est à partir seulement de Théodose, ainsi que nous l'avons conjecturé, que, aux termes de la Novelle XXII, la sollicitude des empereurs se porta sur cet objet.

Nous avons soigneusement signalé les diverses phases de la législation des secondes noces. Nous avons vu la part qui en revenait aux différents empereurs, depuis Théodose le Grand jusqu'à Justinien lui-même. Nous allons voir ce que ce dernier finit par établir, réformant, comme il le dit lui-même, quelques-unes de ses propres décisions, dont il avait reconnu l'insuffisance ou les défauts.

Pour qu'on ne s'abusât point sur ses intentions, Justinien prit soin de déclarer que sa nouvelle constitution n'aurait point d'effet rétroactif, et ne s'appliquerait qu'aux seconds mariages à venir. Cette réserve faite, voici les décisions qu'il prit relativement aux objets dont nous avons traité ci-dessus.

Et d'abord il reconnut à l'un et à l'autre des époux indifféremment le droit de remettre par testament à son conjoint les peines portées contre l'époux convolant à de secondes noces.

Dans l'ancien droit, lorsqu'un mariage avait

eu lieu sans dot de la part de la femme, sans donation anténuptiale de la part du mari, sa dissolution par le divorce pouvait avoir lieu sans le moindre motif, et l'époux qui avait satisfait à un pur besoin de changement n'encourait aucune répression.

Désormais, il n'échappera plus à tout inconvénient; car si sa fortune est inférieure à 400 livres d'or, son conjoint en aura le quart, et si elle est supérieure à ce chiffre, son conjoint aura droit à 100 livres d'or, mais jamais à une somme plus forte, l'empereur ayant remarqué que cette somme est une des plus élevées qui se constituent en dot. Il faut ajouter que la femme qui avait donné lieu à divorce, ne pouvait convoler à de secondes noces qu'après cinq ans révolus. Elle n'aurait eu qu'un an à attendre, et cela *propter seminis confusionem*, si le mariage avait été dissous *bona gratia* ou par la faute du mari (Nov. XXII, chap. 18).

Lorsque le mariage est dissous par la mort de l'un des époux, il est bon et louable, dit Justinien, que le survivant ne se remarie pas, et qu'il n'attriste pas par une nouvelle union les enfants nés du défunt : *Felix quidem et beatum est utrique contrahentium perdurare in priori conjugio, et non procreatam sobolem sequentibus matrimoniis forsitan contristare.* Si le mari reste veuf, il reprend la donation anténuptiale; si c'est la femme qui ne se remarie pas, elle reprend sa dot. Le mari survivant acquiert en outre le gain convenu sur la dot, ou, dans le cas de prédécès du mari, la femme, le gain convenu sur la donation à cause de noces (Nov. XXII, chap. 20, pr.).

Les quotités constitutives de gains de survie devaient, depuis Léon, être égales entre elles. Il y avait un doute sur le point de savoir s'il fallait réduire la donation la plus forte à la moindre, ou élever la moindre à la plus forte; c'est dans le sens de la réduction que l'incertitude fut levée (Nov. XXII, chap. 20, pr.).

L'époux survivant peut disposer, soit entre vifs, soit à cause de mort, des biens qu'il tient de son conjoint, comme de ses autres biens propres (Nov. XXII, chap. 20, pr., § 1). Il peut donc les transmettre, si bon lui semble, à des tiers. Mais quand l'époux aura institué héritiers ses enfants pour une part et des étrangers pour une autre part, les gains par lui faits sur la fortune de son conjoint prédécédé ne seront pas considérés comme aliénés, même partiellement, au profit de ces étrangers. Ce sont donc les enfants qui seuls en auront le bénéfice, et s'ils ont été institués héritiers pour des parts inégales, ils n'en prendront pas moins une part virile. Si aucun des enfants n'avait été institué héritier, l'étranger institué ne prendrait pas encore les biens que le testateur aurait reçus de son conjoint, quand même les enfants seraient satisfaits de quelque autre manière; ce serait encore à eux exclusivement qu'appartiendraient ces biens. La présomption est que l'époux survivant qui n'a pas aliéné ou hypothéqué, ou qui n'a pas, en mourant, transféré expressément à un tiers les biens qu'il tenait de son conjoint, a voulu les réserver à ses enfants comme si c'était grâce à eux qu'il les eût acquis (Nov. XXII, chap. 20, § 2). Du reste, les enfants jouissaient des avantages dont nous venons de parler, lors même qu'ayant été institués héritiers par le père ou la mère dernier mourant, ils avaient répudié sa succession.

Une conséquence du système que nous venons de voir, c'est que les enfants ne furent exposés à souffrir ni trouble, ni diminution dans les droits que la loi leur accorde, qu'autant que par ingratitude ils l'eussent mérité. Du moment qu'ils étaient reconnus ingrats, les biens dont il s'agit revenaient à ceux de leurs frères qui ne s'étaient pas rendus coupables d'ingratitude, et si tous avaient eu de mauvais procédés pour leurs père ou mère, leur indignité tournait au profit des héritiers institués du défunt, l'hérédité alors ne se composant que d'une masse générale.

Lorsque, après la dissolution du mariage par la mort de l'un des deux époux, le survivant a contracté de nouvelles noces, Justinien distingue quatre cas : 1° le cas où il n'y aurait pas d'enfants d'un premier lit, mais où il y en aurait du second ; 2° celui où il y en aurait du premier lit, mais non du second ; 3° celui où il n'y aurait d'enfants d'aucun mariage ; 4° celui où il y aurait des enfants de tous les deux.

Quand il n'y a pas d'enfants du premier mariage ni du second, l'époux survivant peut sans inconvénient en contracter un nouveau. Mais cela n'était absolument vrai que pour l'homme, car la femme qui se remarierait avant un an encourrait la note d'infamie, ne bénéficierait pas de ce que son premier époux lui aurait laissé, et ne pourrait donner à son nouveau mari au delà du tiers de sa fortune. Il y a mieux, elle ne pourrait recevoir, même d'un étranger à titre de fidéicommis, de legs, ou par testament. La disposition faite à son profit appartiendrait alors aux héritiers du disposant. Justinien ne voulut pas que les valeurs enlevées à cette femme fussent revendiquées par le fisc, son but étant de montrer que sa Novelle réagit contre une conduite immorale et ne pourvoit pas à l'utilité du fisc. Quant aux objets qu'elle tenait de son premier mari, ils sont dévolus aux dix personnes appelées par la *bonorum possessio unde decem personæ*, et, à défaut de ces parents, ils appartiennent au fisc (Nov. XXII, chap. 22, pr.).

Cette femme, qui avait convolé trop tôt à de

secondes noces, ne succédait pas non plus *ab intestat* à ses propres enfants au delà du troisième degré. Quant à l'infamie qu'elle encourait, elle pouvait en obtenir remise du prince.

Quand il y avait des enfants du premier mariage, toutes les incapacités que nous venons d'énumérer étaient encourues par la femme coupable de s'être remariée dans l'année de deuil. Seulement, quand elle voulait alors se faire relever par rescrit impérial de la note d'infamie, elle devait commencer par donner à ses enfants du premier lit la moitié de ses biens purement, sans condition de réserve d'usufruit, et tels qu'ils étaient au moment de son second mariage. Les enfants donataires se partageaient cette moitié par égales portions. Ceux d'entre eux qui étaient morts, laissant eux-mêmes des descendants, transmettaient leurs droits à ceux-ci; dans le cas contraire, leur part accroissait à leurs frères et sœurs. Ce n'était qu'autant que tous les enfants du premier mariage étaient morts sans postérité et sans testament que la mère recouvrait les biens par elle donnés (Novelle XXII, chap. 22, § 1).

Quant aux libéralités qu'elle avait reçues de son premier mari, soit par donation à cause de noces, soit par donation à cause de mort, soit par testament, la femme ne les avait plus qu'à titre d'usufruitière et en perdait la propriété dès l'instant de son second mariage; c'était les enfants du premier lit qui en devenaient nus-propriétaires.

Même décision, du reste, en ce qui concerne le mari survivant. S'il se remariait, il perdait également, au profit des enfants du premier lit, la nue propriété des biens qu'il tenait de sa première femme. Il n'y avait pas à distinguer relativement à la dot ou à la donation anténuptiale si c'était des tiers ou l'époux lui-même qui l'avaient fournie (Nov. XXII, chap. 23).

L'époux remarié qui se serait avisé d'aliéner à un titre quelconque les biens dont nous parlons, ou qui les aurait grevés d'un droit réel, n'aurait pu être sur-le-champ attaqué par les enfants du premier lit; mais comme, pour la sûreté desdits enfants, Justinien soumettait toute sa fortune à une hypothèque, les tiers détenteurs étaient toujours certains de se voir, eux ou leurs représentants, évincés de leurs acquisitions par les enfants du premier lit ou leurs successeurs, à moins qu'il ne se fût accompli une prescription de trente ans, laquelle ne commençait à courir que du jour où ses enfants, d'ailleurs pubères, seraient devenus indépendants de la puissance paternelle (Nov. ch. XXII, 24).

Justinien interdit à l'époux remarié le droit qui lui appartenait auparavant de faire arriver à ses enfants des parts inégales dans les gains provenus du mariage précédent ou de les attribuer à quelques-uns au détriment des autres;

tous les enfants, en effet, *secundis similiter exhonorati sunt nuptiis*. Chaque enfant est donc, désormais, assuré de sa part virile dans ces gains, ou s'il ne peut la recueillir parce qu'il meurt avant son auteur remarié, il transmet son droit à ses propres descendants (Nov. XXII, ch. 25; Nov. II, ch. 1).

La Novelle II faisait tomber au profit des enfants du premier mariage l'aliénation que le père ou la mère remarié aurait faite des gains anténuptiaux. Quand il ne survivait même à l'aliénation qu'un seul de ces enfants, l'acte tout entier tombait; si, au contraire, tous les enfants étaient prédécédés, cet acte se confirmait pleinement. Une idée ingénieuse et prévoyante, *sensus subtilis et sollicitus*, vint tout à coup à Justinien. Du moment qu'un des enfants survit, se dit-il, l'aliénation tombe, tandis que lorsque tous prédécèdent, l'aliénation est maintenue : pourquoi ne prendrait-on pas un terme moyen entre le cas où tous les enfants sont morts, et le cas où un seul existe? Cette observation formulée, Justinien décide que si, de plusieurs enfants, un seul vient à décéder, l'aliénation faite par son auteur remarié sera définitivement valable pour la part que cet époux recueille *ex pacto non existentium liberorum* dans la succession de cet enfant, et qu'immédiatement aussi elle tombera pour la part qui revient *hic et nunc* aux autres héritiers de celui-ci. Ainsi, lorsqu'à son premier mariage il avait été convenu entre cette femme et son mari qu'indépendamment des gains nuptiaux, le survivant prendrait une certaine part dans la succession des enfants communs, qui, après avoir succédé à leur père ou à leur mère, viendraient à mourir sans laisser d'héritier, cette convention, qui faisait une attribution d'une part de l'hérédité d'autrui, n'avait rien de contraire ni au principe des substitutions, qui, sous le Bas-Empire, pouvaient avoir lieu par donation à cause de mort, fidéicommis, etc., ni aux facultés propres au mari ou à la femme, qui, ayant pu immédiatement assurer à son conjoint tout le disponible au détriment des enfants nés ou à naître, ne faisait certainement rien dont ceux-ci pussent se plaindre, lorsqu'il leur laissait l'avantage de recueillir préliminairement ce disponible, qui n'allait qu'à leur mort, et sous certaines conditions, au père ou à la mère survivant. Ce qui est en dehors de la part faite au survivant appartient aux frères et sœurs du défunt (Nov. XXII, ch. 26, pr.), et il n'y a pas à rechercher s'ils ont été ou n'ont pas été héritiers, soit de leur père, soit de leur mère. Les survivants viennent toujours pour des parts égales dans le bénéfice qui leur est dévolu sur les gains nuptiaux. Les enfants d'enfants prédécédés étant du reste substitués à ceux-ci, prennent la part que leur auteur aurait eue lui-même dans les gains : d'où la conséquence que si aucun des enfants du premier mariage ne mourait sans laisser de descendants, aucune part n'arriverait à la mère *ex pacto non existentium liberorum*, et l'aliénation faite par elle ne se confirmerait en rien. Une hypothèse ne serait peut-être pas sans utilité pour l'intelligence des principes exposés par Justinien.

Soient *Primus*, *Secundus* et *Tertius*, enfants d'un premier lit; leur mère a fait des attributions de ses gains anténuptiaux. *Primus* meurt et laisse des enfants; ceux-ci étant subrogés à ses droits, l'aliénation faite par la mère ne se confirme en rien, du moins pour le moment. Plus tard, *Secundus* meurt à son tour; il n'a pas d'enfants; l'aliénation faite par sa mère se confirme dès à présent *ex pacto non existentium liberorum*, mais elle ne se confirme pas pour deux parties dont l'une serait du chef de *Primus* prédécédé. Elle ne se confirme que pour une partie et elle tombe pour la partie afférente à *Tertius* et pour l'autre partie afférente à *Primus*, aux droits duquel ses enfants sont substitués.

La constitution par laquelle l'empereur Léon avait ordonné que l'ascendant qui convolait à de secondes noces ne pût donner à son second époux qu'une quantité de biens égale à la part du moins prenant des enfants devait obtenir, et obtint en effet, l'approbation de Justinien. Seulement, il revint sur la décision que nous avons signalée plus haut (L. 9, C., *De sec.*

nupt.), et en vertu de laquelle les enfants même du second lit concouraient, par rapport aux biens enlevés à l'époux donataire, avec les enfants du premier lit (Nov. XXII, chap. 27.). Désormais, les seuls enfants du premier mariage pourront profiter de la réduction. Il est cependant sous-entendu qu'ils n'auront pas dû être coupables d'ingratitude envers leur auteur, car alors ils seraient, comme indignes, écartés des valeurs enlevées au défunt.

C'est au moment de la mort de l'époux donateur que Justinien veut qu'on se place pour apprécier si la donation faite au second époux excède la quotité disponible.

Une constitution de Justin (L. 19, C., *De don. ant. nupt.*) avait permis d'augmenter pendant le mariage la donation anténuptiale, comme pendant le mariage on pouvait, du reste, augmenter la dot. Par une loi au Code (L. 20., C., *De don. ant. nupt.*), Justinien voulut qu'elles pussent même être constitués après le mariage, et, réformant la bizarrerie résultant de la dénomination de *ante nuptias*, conservée à des libéralités faites quand déjà le mariage existait, il les appela désormais donations *propter nuptias*.

Toutefois, Justinien, comprenant que l'influence de l'époux sur son conjoint pourrait entraîner celui-ci à faire, au préjudice de l'enfant du premier lit, des actes qu'il aurait d'abord refusé d'accomplir, décida que la dot ou la donation nuptiale ne pourrait être augmentée, ni probablement constituée pendant le second mariage, lorsqu'il y aurait des enfants du premier lit. Quant à la dot constituée ou à la donation nuptiale faite au moment même du second mariage, elle ne pouvait en revanche être réduite, et cela parce que souvent, au moyen d'une diminution faite à propos, les époux seraient parvenus à éluder la loi 6, C., *De sec. nupt.* Nous savons en effet qu'aux termes de cette loi, la constitution de dot ou la donation nuptiale faite par l'époux remarié à son nouveau conjoint, pour une part supérieure à celle de l'enfant le moins prenant, était soumise à une réduction dont bénéficiaient exclusivement les enfants du premier lit. Or, l'époux qui aurait dans sa disposition excédé le disponible fixé par l'empereur Léon, s'il avait pu ramener les choses à leur mesure légale, aurait privé ces enfants d'un véritable droit acquis, et il ne fallait pas que cela pût être (Nov. XXII, chap. 31).

Justinien crut devoir abolir la constitution unique : *Si secundo nupserit mulier*, qu'il avait empruntée aux empereurs Valentinien, Théodose et Arcadius, et fait d'abord passer dans son Code. Aux termes de cette constitution, lorsque, par acte de dernière volonté, le mari avait donné à sa femme, ou la femme à son mari, l'usufruit de ses biens, cet usufruit était perdu pour l'époux donataire s'il se remariait, et revenait immédiatement aux enfants du premier lit. Justinien, déterminé sans doute par toutes les considérations que nous lui avons vu exposer dans le chapitre 22, décida que, nonobstant les secondes noces, l'époux conserverait l'usufruit dont son premier époux l'aurait gratifié, à moins que le donateur n'eût expressément déclaré que si l'époux donataire venait à se remarier, l'usufruit devrait s'évanouir (Nov. XXII, ch. 32).

En somme, nous pouvons reconnaître que la plupart des dispositions de Justinien ne sont pas aussi défavorables à l'époux qui se remarie, même quand cet époux est la femme, que ne l'étaient celles des premiers empereurs chrétiens. Toutefois, on aurait tort de croire qu'il ne prit pas certaines mesures contre les femmes remariées. Ainsi, il refuse en principe à celles-ci le droit de révoquer, sous prétexte d'ingratitude, les avantages qu'elles auraient faits sur leur propre fortune aux enfants du premier lit. La plupart du temps elles ne présenteraient, en effet, leurs enfants comme ingrats qu'en considération du second mariage. Ce principe n'a reçu d'exception que dans trois cas, savoir : si les enfants donataires avaient attenté aux jours de la donatrice; s'ils avaient levé la main sur elle; si enfin ils avaient essayé de lui faire perdre tous ses biens (Nov. XXII, chap. 32).

Il n'était pas non plus permis aux femmes remariées de continuer à jouir des honneurs, des dignités dont elles avaient joui à raison de leur premier mariage. Elles devaient avoir l'état de leur second mari.

L'affranchie que son patron avait épousée n'avait pas le droit, après avoir divorcé, de contracter un second mariage sans le consentement de son premier mari. C'est là ce qu'avait ordonné l'empereur Alexandre Sévère (1), et ce que Justinien reproduit. Il reproduit également la constitution du même empereur, qui déclare implicitement la mère remariée, déchue de la tutelle de ses enfants du premier lit. Nous disons *implicitement*, car l'objet de la constitution d'Alexandre Sévère était de conférer la tutelle de leurs enfants aux mères non remariées : *Educatio pupillorum... nulli magis quam matri eorum, si non vitricum eis induxerit, committenda est* (L. 1, C., *Ubi pupill. educ.*)

Quand une femme restait veuve avec des enfants impubères, elle obtenait d'être leur tutrice, à la condition de renoncer au bénéfice du sénatus consulte Velléien et de prêter serment qu'elle ne contracterait pas de nouveau mariage (L. 2, C.,

---

(1) L. 1, C., *De incest. et inut. nupt.* Cette loi rappelle le principe posé par la loi Julia, *De maritandis ordinibus*, sauf pourtant qu'elle paraît borner le droit pour le patron d'empêcher le second mariage de son affranchie, au cas où il aurait l'intention de la garder comme épouse et non à titre de concubine, à la différence de ce qu'Ulpien permettait, ainsi que nous l'avons vu dans la loi 1, D., *De concub.*

Quando mul. tut.). Si, au mépris de cet engagement solennel, les veuves contractaient un second mariage avant d'avoir fait procéder à la nomination d'un autre tuteur, rendu leur compte de tutelle et payé le reliquat, elles étaient déchues de la succession de leurs enfants qui mouraient impubères, quand même elles leur auraient été substituées par leur premier mari (L. 6, C., *Ad. S. C. Tertull.*), et, en outre, les biens de leur second époux étaient frappés d'une hypothèque à raison de leur ancienne gestion (L. 6, C., *In quib. caus. pign.*). Justinien, s'étonnant que des femmes capables de manquer à la fois à Dieu, au défunt et à leurs enfants, ne fussent pas punies plus sévèrement encore, décida qu'indépendamment des peines que nous venons d'énoncer, elles encourraient toutes celles qui atteignent les femmes lorsqu'elles se remarient avant la fin de leur deuil (Nov. XXII, chap. 40). Du reste, pour leur épargner un sacrilége et un parjure, Justinien (Nov. XCIV, ch. 2) finit par supprimer la nécessité du serment dont il vient d'être fait mention, tout en laissant les femmes remariées soumises aux pénalités susdites. Il resta toujours admis qu'elles pourraient être relevées de ces peines par l'empereur, mais à la condition qu'elles donneraient à leurs enfants, en toute propriété, la moitié de leurs propres biens.

Quand un mari avait fait un legs à sa femme sous la condition expresse qu'elle ne se remarierait pas, cette clause n'était pas considérée comme non écrite, la veuve avait à voir s'il lui convenait de se conformer à la volonté du défunt en recueillant sa libéralité, ou si, au contraire, il valait mieux pour elle contracter une nouvelle union. La question, sous l'empire des lois Julia et Papia Poppœa, pouvait se ramener à une question d'argent. Du reste, la condition du legs étant de celles qui peuvent défaillir jusqu'à la mort du légataire, la femme qui optait pour la libéralité que lui faisait son mari devait fournir la caution Mucienne. La loi Julia Miscella, dont nous avons dit plus haut quelques mots, avait, en faveur du mariage, fait exception à ces principes pour le cas où la femme déclarerait immédiatement, ou du moins au plus tard dans l'année de la mort de son mari, que son désir est de se remarier, mais dans l'unique but d'avoir des enfants. Cette déclaration devait être faite sous serment : quand elle avait fait cette déclaration, elle recueillait le legs. Quand, au contraire, elle avait négligé de la faire, elle retombait dans la règle générale et n'obtenait les objets légués que moyennant la caution Mucienne. Il est probable que le serment par elle prêté, dans le cas où elle voulait bénéficier de la loi Julia Miscella, l'obligeait à réaliser le mariage qu'elle avait l'intention de contracter.

Justinien, convaincu que bien des femmes,

mues par un tout autre désir que celui d'avoir des enfants, ne se feraient pas faute de prêter le serment requis, afin de s'assurer la libéralité du défunt en même temps que les joies d'une union nouvelle, avait cru bon de dispenser de tout serment la veuve légataire. C'était là le meilleur moyen d'empêcher le parjure (L. 2, C., *De ind. vid.*). Par la Nov. XXII, il décida qu'à l'avenir la volonté du mourant devait être exécutée. Nous disons la volonté du mourant, car les observations qui vont suivre s'appliquent tout aussi bien au mari qu'à la femme. Si le mari ou la femme avait fait un legs à son conjoint survivant, sous la condition que celui-ci ne contracterait pas de secondes noces, le légataire avait désormais le choix de se remarier en perdant le legs, ou d'obtenir le legs en se conformant à la volonté du testateur. Pour que les choses ne fussent pas trop longtemps en suspens, Justinien voulait que l'époux légataire ne pût réclamer le legs avant l'expiration d'un an, à moins qu'il ne fût auparavant entré dans les ordres, car alors il s'interdit tout espoir de mariage (Nov. XXII, ch. 44, § 1).

Il paraîtrait que Justinien a pensé qu'après un an l'époux ne songerait plus à contracter une nouvelle union, habitué qu'il serait sans doute au veuvage; mais en vérité on se fait peu à de pareils raisonnements, surtout quand on considère que l'année de deuil était précisément celle pendant laquelle la femme n'aurait pu convoler à de secondes noces, et que si le mari peut se remarier immédiatement, sa douleur et les convenances s'opposeront à ce que, dans l'année de son veuvage, il recherche une nouvelle épouse.

Quoi qu'il en soit, après l'expiration de l'année, l'époux légataire pouvait recevoir son legs. Seulement, quand les objets légués consistaient en immeubles, il devait fournir une caution juratoire, et de plus ses biens étaient soumis à une hypothèque garantissant que s'il se remariait, il restituerait le legs tel qu'il l'avait reçu, et tous les fruits qui en seraient provenus pendant sa jouissance. Même décision si la chose léguée consiste en meubles, sauf que la Novelle ne parle point de restitution de fruits (Nov. XXII, ch. 44, § 3), et que pour l'argent il y a encore quelque chose de particulier. En effet, lorsque le legs portera sur une somme d'argent, l'époux n'a qu'à fournir une caution juratoire, et la restitution de la somme léguée n'est pas garantie par une hypothèque.

Si l'époux légataire d'une somme d'argent n'avait pas beaucoup de fortune, on ne lui délivrait le legs qu'autant qu'il fournissait un fidéjusseur solvable ; à défaut de cette garantie, on laissait l'argent entre les mains du débiteur, lequel débiteur servait un intérêt à 4 % au légataire.

C'est également sur le pied de cet intérêt que devait être servi le legs quand, au lieu de porter sur la propriété de la somme elle-même, il ne portait que sur l'usufruit.

Du moment que l'époux légataire viendrait à contracter de secondes noces, le legs pourrait être revendiqué contre lui ou contre tout tiers détenteur, comme si l'objet n'avait jamais cessé d'appartenir à l'héritier. Toutes les mesures de précaution que nous venons d'indiquer cessent évidemment dès qu'il est certain que l'époux ne se remariera pas, et c'est ce qui arrive lorsqu'il est entré dans les ordres ou qu'il meurt. Dans ce dernier cas, les valeurs que comprenait le legs appartenaient définitivement à l'héritier.

Ces dispositions s'appliquent tout aussi bien au legs fait par un étranger au mari ou à la femme, sous la condition que le légataire ne convolera pas à de secondes noces, qu'au cas où ce serait l'époux qui aurait fait le legs à son conjoint sous la même condition.

On devine bien que les cautions à fournir étaient généralement données à l'héritier ou au substitué, aux personnes en un mot à la charge desquelles le legs avait été mis.

Mais il aurait pu se faire que l'époux eût été institué héritier sous la condition de ne pas contracter un nouveau mariage; alors ce serait au substitué, s'il y en a un, ou à ceux qui *ab intestat* viendraient à l'hérédité du défunt, que la caution serait fournie.

Enfin, dernière observation, les sûretés indiquées ci-dessus cesseraient d'être dues par le légataire, si le testateur l'en avait formellement dispensé.

La Novelle XXII, dans son chapitre 46, laisse en toute propriété au père ou à la mère remariés les biens qu'ils auraient reçus des enfants du premier lit. Ces enfants ayant, en effet, le droit de donner leurs biens à un étranger, il paraissait assez naturel de leur permettre d'en opérer la transmission intégrale à leur père ou à leur mère, même remariés, puisque, malgré le second mariage, ils avaient toujours des sentiments d'affection filiale. Il n'y a pas à rechercher si les biens dont ils disposent ainsi leur viennent de l'époux prédécédé ou de toute autre part.

Quand c'est *ab intestat* que s'ouvre le droit du père ou de la mère, les principes que nous avons précédemment exposés continuent d'être applicables, et la mère, par exemple, ne perçoit que l'usufruit des biens provenus au fils de la fortune paternelle.

Enfin Justinien engagea plutôt qu'il ne soumit les parents mariés en secondes noces à ne pas attribuer la portion de leurs biens dont ils peuvent disposer aux enfants du second lit de préférence à ceux du premier. Sa tendance serait même au contraire que ceux-ci fussent avantagés à l'exclusion des autres.

ANCIEN DROIT.

ÉDIT DES SECONDES NOCES.

Nous avons vu que les peuples primitifs étaient bien éloignés de proscrire ou même de restreindre les secondes noces. L'histoire nous apprend que chez les Hébreux, c'était un devoir que la loi politique et religieuse imposait aux veuves, d'épouser le frère ou le plus proche parent de leur mari défunt.

Nous pouvons conjecturer aussi, par l'histoire de Sichée, que c'était au moins un usage autorisé chez les Phéniciens, qui, par leurs relations commerciales, par l'établissement de leurs colonies, durent, sans aucun doute, exercer une grande influence sur les mœurs et les lois des différents peuples de cette époque, et surtout des Grecs.

Les Romains, qui empruntèrent aux Grecs les bases de leur législation, pour lui donner plus tard ces admirables développements qui en font un modèle de raisonnement et de logique, en favorisant les seconds mariages, semblent n'avoir eu en vue que le développement des forces matérielles de la république, en encourageant la population.

Cette législation, empreinte de la rudesse des premiers habitants de Rome, demande au mariage, à l'origine, des soldats pour la défense de la patrie, puis, peu à peu, pour la conquête du monde. Cette tâche glorieuse de la Rome républicaine accomplie, la décadence arrive; la corruption dépeuple l'empire : on recourt alors aux lois qui poussent au mariage.

On veille à leur application; mais le but à atteindre n'est plus le même; ce qu'on leur demande, ce n'est plus la gloire, c'est la vie. L'Italie, ainsi que le reste de l'empire, c'est-à-dire à peu près le monde entier connu à cette époque, reste inculte; ce qu'on recherche alors, ce ne sont plus des soldats, mais bien des laboureurs.

Enfin, le christianisme arrive; les institutions s'humanisent; l'intérêt matériel cesse d'être mis au premier rang; le point de vue de la société change. C'est surtout dans notre matière que l'influence des idées nouvelles se fait sentir. Nous avons vu, dans notre première partie, quelle fut cette influence dans l'empire d'Orient; examinons maintenant quelle fut en France l'influence de la législation romaine ainsi modifiée.

Les tribunaux des provinces de droit écrit avaient pris pour règle les compilations de Justinien; dans les pays de coutumes, on emprunta un grand nombre des décisions impériales.

Ainsi, la coutume de Paris, s'inspirant de la loi *Hac edictali* (L. 6, C., *De sec. nupt.*), s'exprime en ces termes : « Femme convolant en secondes « ou autres noces, ayant enfants, ne peut advan- « tager son second ou autre subséquent mary, « de ses propres et acquêts, plus que l'un de « ses enfants. Et, quant aux conquêts faits « avec les précédents maris, n'en peut disposer « aucunement, au préjudice des portions dont « les enfants desdits premiers mariages pour- « roient amender de leurs mères. Et néanmoins « succèdent les enfants des subséquents ma- « riages auxdits conquêts, avec les enfants des « mariages précédents, également venant à la « succession de leur mère, comme aussi les en- « fants des précédents lits succèdent pour leurs « parts et portions aux conquêts faits pendant « et constant les subséquents mariages. Toutes « fois, si ledit mariage est dissolu, ou que les « enfants des précédents mariages décèdent, « elle en peut disposer comme de sa chose. » (Cout. de Paris, art. 279.)

La coutume de Calais s'exprime à peu près dans les mêmes termes (cout. de Calais, art. 71).

La coutume d'Orléans donne la même décision (cout. d'Orléans, art. 203). La coutume de Normandie n'accorde au second mari qu'une part d'enfant le moins prenant : « La femme « convolant en secondes noces ne peut donner « de ses biens, à son mary, en plus avant que ce « que en peut échoir à celui de ses enfants qui « en aura le moins. » (Cout. de Normandie, article 405.) La coutume de Sedan (cout. de Sedan, art. 99) borne l'avantage fait par la femme à son second mari à une part d'enfant, et, si cette part est excédée, la donation sera réduite dans ces limites. La coutume de Valois (cout. de Valois, art. 134) défend à l'époux qui se remarie de faire à son nouveau conjoint des donations excédant le tiers des immeubles.

La coutume du Bourbonnais (cout. Bourb. art. 226) étend cette prohibition aux enfants du second époux : « Le mari, y est-il dit, ne peut « faire durant le mariage aucune association, « donation avec sa femme, ni les enfants que « sa femme auroit d'un précédent mariage. » Même disposition dans la coutume de Sedan (cout. de Sed. art 126). « Le mary et la femme ne « se peuvent advantager l'un l'autre par testa- « ment, ni léguer aucune chose aux enfants « l'un de l'autre, d'autre mariage. »

D'autres coutumes se conformant à la loi *Fœ-*

minæ (L. 3, C. *De sect. nupt.*) enjoignent aux veuves de conserver aux enfants du premier lit les avantages résultant du précédent mariage. (*V.* cout. de Calais, art. 71 ; Amiens, art. 107 ; Sedan, art. 180 ; Vermandois, tit. 3, art 26 ; Châlons, tit. 6, art. 55.)

Dans plusieurs coutumes, le convol à de secondes noces fait perdre à l'époux remarié la garde de ses enfants mineurs, et par conséquent les revenus qu'il gagnait en qualité de gardien. (*V.* cout. de Paris, art. 268 ; Calais, art. 130 ; Etampes, art. 89 ; Clermont, art. 172 Meaux, art. 152 ; Vermandois, tit. 3, art. 261 ; Reims, art. 332 ; Troyes, tit. 2, art. 17 ; Anjou, tit. 7, art. 35 ; Maine, tit. 8, art 98 ; Chartres, tit. 19, art. 106.)

De toutes ces coutumes, celle de Paris et d'Orléans contiennent les dispositions les plus étendues, car, non contentes d'assurer aux enfants du premier lit les avantages faits par le premier époux, elles défendent à la femme remariée de disposer, au préjudice de ses enfants, de sa part des conquêts de la première communauté. Les biens attribués à la femme comme sa part dans la communauté ne sont pas des biens qu'elle tient de la libéralité de son mari, aussi devrait-elle en avoir la libre disposition ; elle devrait pouvoir les attribuer non-seulement à des tiers, mais même au mari, quand même cette donation dépasserait la part de l'enfant le moins prenant. Telle n'est pas cependant la décision de ces coutumes : bien au contraire, elles décident que la femme non-seulement ne peut rien donner de ces conquêts à son second mari au préjudice des enfants du premier lit, mais qu'elle n'en peut même disposer au profit de quelque personne que ce soit.

Le mot *conquêt* s'applique-t-il seulement aux immeubles, ou bien comprend-il les meubles aussi bien que les immeubles? C'était là une question controversée. En faveur de la restriction, on disait que le terme de *conquêts* donnant lieu à un doute, cela suffisait pour amener à décider que les articles de ces coutumes ne devaient pas être étendus, puisqu'ils établissaient une pénalité. A cela on répond que la disposition de la coutume de Paris n'est pas une loi pénale. « Le terme de loi pénale dit d'Aguesseau (OEuvres de d'Aguesseau 41ᵉ plaid.) est une de ces expressions dont on abuse souvent. » La disposition de la coutume vient ici restreindre la liberté naturelle à tous les hommes, mais ne contient pas une véritable punition. On peut l'appeler *restrictive*, *prohibitive*, mais non *pénale*. Ainsi dira-t-on que la loi qui défend au mari de donner à sa femme soit une loi pénale? Cette loi est plutôt favorable, car elle n'est pas faite tant en haine des seconds mariages qu'en faveur des premiers enfants. De plus, l'article 279 même de la coutume de Paris nous donne le vrai sens de ce mot *conquêts*. La promière partie de cet article dit, en effet, que la femme ne peut avantager son second mari de ses propres et *acquêts* plus que l'un de ses enfants. Le mot *acquêt* comprend évidemment tant les meubles que les immeubles, puisque telle est la disposition de l'édit et que la coutume n'a voulu que la reproduire ; or, la seconde partie de l'art. commençant par ces mots : *et quant aux conquêts*, on doit entendre par ces mots tant les biens meubles que les immeubles, pour qu'elle soit en corrélation avec la première. C'est en ce sens que la question était décidée dans l'ancien droit.

Remarquons aussi que la donation faite par la femme à son second mari, de ses propres et acquêts, pour une part plus forte que la loi ne le permet, est sujette à réduction, tandis que la donation qu'elle ferait des *conquêts faits avec ses précédents maris* sera complètement nulle ; car la loi dit qu'elle *n'en peut aucunement disposer*, et la nullité, dans ce cas, ne profitera pas seulement aux enfants du premier mariage, mais aux enfants de tous les mariages (Borjon, liv. 4, tit. 6, sect. 5, dist. 2).

Il ne faut pas trop s'exagérer la portée de la défense que fait l'article à la femme de disposer de sa part des conquêts. La donation ne sera nulle pour le tout qu'autant qu'elle aura été faite au second mari, et réductible seulement si elle est faite à des tiers. C'est ainsi qu'il faut entendre cet article, qui, après avoir dit que la femme ne peut disposer de ses conquêtes *aucunement*, ajoute : *au préjudice des portions dont les enfants du premier mariage pourraient amender de leur mère*. Cette dernière phrase ne s'applique qu'au cas où la donation a été faite à des tiers. Cette distinction est très-clairement faite dans l'art. 203 de la coutume d'Orléans, correspondant à celui qui nous occupe.

Toutes ces prohibitions, toutes ces restrictions n'ayant été faites qu'au profit des enfants, il faut décider que si, lors de la mort du second mari donataire, contrairement aux prescriptions de la loi, il ne reste pas d'enfants, la donation subsistera. S'il y a des enfants à sa mort, ils pourront, en faisant annuler la donation des conquêts, poursuivre les tiers détenteurs des immeubles compris dans cette donation.

En résumé, ces articles 279 de la coutume de Paris, et 203 de celle d'Orléans, répètent la défense faite à la femme par les lois romaines, de disposer au profit du second mari, au delà d'une certaine portion, des biens qu'elle tient de son premier conjoint. Quant aux conquêts qui forment sa part de communauté, ils lui défendent absolument d'en disposer au profit de son second conjoint, et elle ne peut en disposer au profit des tiers que dans les limites dans lesquelles elle peut disposer de ses acquêts (biens qu'elle tient de son premier conjoint) au profit de son second mari.

D'autres incapacités viennent frapper dans les coutumes l'époux qui convole en secondes noces. Ainsi, le don mutuel, qui n'est permis en général qu'autant qu'il n'y a pas d'enfants, et qui par conséquent ne doit pas être soumis aux peines des secondes noces, est cependant déclaré révocable par les seconds mariages, quoiqu'il ne consiste qu'en usufruit. (Cout. du Maine, art. 334; cout. de Châteauneuf, art. 106.)

Les coutumes de Paris et de Calais, qui permettent aux époux ayant des enfants de se donner réciproquement en se mariant la jouissance de leurs meubles, ordonnent que cet avantage cessera s'il y a convol. (Cout. de Paris, art. 281; cout. de Calais, art. 72.)

En 1560, le roi François II fit un édit, ouvrage du chancelier de L'Hôpital, dans le double but de restreindre les secondes noces, en mettant un terme aux libéralités excessives que les femmes faisaient aux hommes qu'elles épousaient en secondes noces, et de sauvegarder les intérêts des enfants du premier lit. Voici comment s'exprime le préambule de l'édit : « Comme « les femmes veuves ayant enfants sont sou- « vent invitées et sollicitées à nouvelles noces, « et ne connoissant pas être recherchées plus « pour leurs biens que pour leurs personnes, « elles abandonnent leurs biens à leurs nou- « veaux maris, sous prétexte et faveur du ma- « riage, leur font des donations immenses,

« mettant en oubli le devoir de nature envers « leurs enfants, de l'amour desquels tant s'en « faut qu'elles se dussent éloigner par la mort « du père, que les voyant destituées du secours « et aide de leur père, elles devroient par tous « moyens s'exercer à leur faire double office de « père et de mère, desquelles donations, outre « les querelles et divisions entre mari et en- « fants, s'ensuit la diminution des bonnes fa- « milles, et conséquemment diminution de la « force de l'Etat public, à quoi les empereurs « ont voulu pourvoir par plusieurs bonnes lois « et constitutions, sur ce par eux faites; et nous, « entendant l'infirmité du sexe, avons loué et « approuvé icelles lois; et en ce faisant, avons « dit et statué, etc., etc. »

CHAPITRE Ier.

DU PREMIER CHEF DE L'ÉDIT DES SECONDES NOCES.

Ce premier chef de l'édit est tiré de la constitution des empereurs Léon et Anthemius, qui forme la loi 6 du Code, *De secundis nuptiis*.

Il est ainsi conçu :

« Ordonnons que les femmes veuves ayant « enfant ou enfants, ou enfants de leurs enfants, « si elles passent à de nouvelles noces, ne pour-

« ront, en quelque façon que ce soit, donner de « leurs biens, meubles acquêts ou acquis par « elles, d'ailleurs que de leurs premiers maris, « ni moins leurs propres, à leurs nouveaux « maris, père, mère ou enfants desdits maris, « ou autres personnes qu'on puisse présumer « être par dol ou fraude interposées, plus que « l'un de leurs enfants et enfants de leurs en- « fants; et s'il se trouve division inégale de « leurs biens, faite entre leurs enfants ou en- « fants de leurs enfants, les donations par elles « faites à leurs nouveaux maris seront réduites « et mesurées à la raison de celui des enfants « qui aura le moins. »

SECTION I.

Des personnes comprises dans la défense de l'édit.

La première chose qui nous frappe dans ce premier chef, c'est qu'il ne parle que des femmes veuves. Mais que faut-il décider des hommes veufs qui, ayant des enfants, se remarient? Le texte de l'édit semble ne pas devoir s'appliquer à eux, car il ne parle que des femmes, et, de plus, par ces mots : *entendant l'infirmité du sexe*, le préambule paraît bien n'avoir en vue que les femmes. Enfin on peut argumenter dans ce système *a contrario* du second chef, qui parle expressément des hommes : donc, peut-on dire, si le législateur avait voulu assimiler les hommes aux femmes, dans ce premier chef, il s'en serait expliqué, comme il l'a fait dans le second. Cependant, ce n'est pas cette opinion qui avait prévalu dans l'ancien droit. La jurisprudence appliquait ce premier chef de l'édit, tant aux hommes qu'aux femmes. Elle se fondait d'abord sur ce que cette loi, loin d'être une loi pénale, une loi coercitive, était plutôt une loi toute de faveur, de protection, ainsi que cela résulte des motifs que donne le préambule, et ces motifs peuvent s'appliquer aux hommes tout aussi bien qu'aux femmes. En second lieu, elle se fondait sur le passage du préambule qui approuve les lois romaines sur cette matière : or, ces lois s'appliquaient tant aux hommes qu'aux femmes. Nous verrons, en nous occupant de la législation actuelle, que cette question ne peut plus être soulevée aujourd'hui.

La défense de l'édit s'applique aux femmes remariées ayant un ou plusieurs enfants, ou descendants d'eux. Remarquons cependant que l'on regardera comme non existants, et, par conséquent, comme ne pouvant pas entraver la libre disposition de la mère, les enfants qui ne viendront pas à la succession, quoiqu'ils fussent habiles à lui succéder au moment où la donation a été faite.

Par application de la maxime : *Qui in utero*

est pro jam nato habetur, quoties de commodò ejus agitur (L. 231, D. *De verb. signif.*), la défense de l'édit doit s'appliquer à la femme qui, à l'époque de son second mariage, n'avait ni enfants ni descendants d'eux, mais dont la bru était enceinte à cette époque.

Lorsqu'une femme ou un homme ayant enfants convole à secondes ou troisièmes noces, et qu'il a déjà épuisé au profit du second conjoint la part que l'édit lui permet de donner, il ne peut plus rien donner au troisième; si cette part n'est pas épuisée, il ne pourra donner au troisième que ce qu'il a donné de moins au second. Cette seconde donation ne peut donc comprendre qu'une quantité de biens suffisante pour parfaire la part de l'enfant le moins prenant. Nous verrons, en traitant de l'art. 1098, ce qu'il faut penser de cette décision sous l'empire du Code Napoléon.

Si l'édit n'avait défendu de donner qu'au second époux, il aurait souvent pu être éludé; aussi il comprend dans la défense de recevoir les *père, mère ou enfants desdits maris, ou autres personnes qu'on puisse supposer être par dol ou fraude interposées*. Et en effet, ce qu'on donne au père ou à la mère du mari est censé lui avoir été donné à lui-même, puisque, selon toute probabilité devant leur succéder, il trouvera cette donation dans leur succession. Nous croyons qu'on aurait dû même comprendre dans les termes de *père, mère*, toute la ligne ascendante, car, les mêmes soupçons de fraude peuvent s'élever à leur égard : *Patris nomine, avus quoque demonstrari intelligitur*, disaient les Romains (L. 51 et 201, D., *De verb. signif.*). Il faut encore par analogie, sous le terme d'enfants, comprendre toute la ligne descendante. Les enfants dont l'édit entend parler sont ceux que le second mari a d'un précédent mariage et auxquels seul il succède. Nous ne croyons pas qu'il faille appliquer cette défense aux enfants que la femme aurait eus avec son second mari. L'opinion contraire était cependant soutenue. On se fondait sur ce que la cause véritable de la prédilection que la mère témoigne, en ce cas, aux enfants du second mariage est l'influence que le second mari exerce sur elle. C'était donc, ainsi que nous l'avons dit, la décision contraire qui avait prévalu, décision qui était aussi celle de Justinien dans sa Novelle XXII, aux termes de laquelle les père et mère ne sont pas tenus d'observer l'égalité entre les enfants qu'ils ont des deux mariages, et pourront, à leur choix, avantager les uns au préjudice des autres. Il est vrai que ce n'était là qu'un conseil donné aux père et mère : *Hanc itaque partem de æquitate filiorum ex priore et secundo matrimonio venientium adhortantes potius quam sancientes dicimus.* Il pourrait cependant, se rencontrer telle circonstance de fait, qui rendrait de semblables donations réductibles, aux termes de l'édit, s'il apparaissait, par exemple, que le but principal était de gratifier le père, et que les enfants n'avaient servi qu'à déguiser le but de cette donation. C'est ce que nous dit la loi 49. D., *De don. int. vir et ux.—Mulier quæ ad communem filium volebat, qui in potestate patris erat, post mortem patris fundum pervenire, cum patri tradidit, ut post mortem restituatur filio. Quæro an donatio tibi videatur, ut nihil agatur? An valeat quidem, sed mulieri potestas datur si noluerit eum repetere? Respondit : Si color vel titulus donationi quæsitus est, nihil valebit traditio; id est, si hoc exigit uxor, ut aliquid ex ea re interim commodi sentiret maritus: alioquin, si solo ejus ministerio usa est, et id egit, ut vel revocare sibi liceret, vel ut res cum omni emolumento per patrem postea ad filium transiret, cur non idem perinde sit ratum, ac si cum extraneo tale negotium contraxisset, hoc est, extraneo in hanc causam tradidisset?*

Une question débattue autrefois, et qui ne peut se soulever aujourd'hui en présence de l'article 906 du Code Napoléon, était celle de savoir si la donation que la femme avait faite par contrat de mariage avec son second mari, aux enfants à naître du mariage, devait être considérée comme faite au mépris de la défense de l'édit. Pothier (*Traité du contrat de mariage*, n° 540) pensait qu'une pareille donation était faite plutôt en vue du second mari que des enfants, qui n'ont pu guère, avant d'être mis au monde, mériter l'affection de leur mère. Tel était aussi l'avis de Ricard (*Traité des donations entre-vifs*, 3e partie, chap. IX, n° 1246). Remarquons ici qu'un arrêt du 16 septembre 1673, rapporté dans le *Journal du Palais* déclare nulle et non pas seulement réductible une donation faite aux enfants à naître du second mariage.

La défense faite par l'édit à la femme de donner aux père et mère du second mari, ou aux enfants de celui-ci, n'est fondée que sur la présomption de fraude ayant pour but d'avantager indirectement le mari, présomption qui souffre la preuve contraire. Ainsi, il est évident que si le second mari était mort, la donation que la femme ferait au père de son second mari décédé serait valable, car toute présomption d'avantage pour lui disparaît.

Cette présomption d'avantage indirect au profit du second mari est plus forte lo sque la donation est faite à ses père et mère ou enfants, que lorsqu'elle est faite à d'autres personnes. Dans le premier cas, la présomption de fraude résulte de cela seul que ces personnes sont les ascendants ou les descendants du mari, et la preuve contraire ne sera pas admise; tandis que dans le second cas, les parties intéressées à demander la réduction devront prouver (et elles auront à cet égard toute latitude, elles pourront même déférer au donateur le serment décisoire) que ces personnes sont interposées, et que le but de leur mère a été d'avantager son second mari par ce moyen détourné.

Consignons ici une opinion très-bizarre du parlement de Toulouse, qui, tout en jugeant que l'édit devait s'appliquer aux maris qui passent à de seconds mariages, aussi bien qu'aux femmes, et même que les femmes ne peuvent faire de donation aux enfants du premier lit du mari, décidait différemment pour ce qui est des enfants des femmes convolant à de secondes noces. Il déclarait ces enfants capables de recevoir des donations de leur beau-père, et décidait qu'un homme, ayant des enfants d'un premier lit et passant à de nouvelles noces, pouvait faire aux enfants que la femme avait d'un précédent mariage des donations qui ne seraient pas sujettes à la réduction de l'édit. On comprend jusqu'à un certain point cette distinction, si on rappelle que le parlement de Toulouse, pays de droit écrit, était imbu des idées romaines. Il s'était donc imaginé que ce qui avait porté l'édit à défendre aux femmes qui passent à de secondes noces de faire des donations aux enfants de leurs seconds maris était la raison tirée du droit romain, que le fils de famille n'acquiert pas pour lui, mais pour son père, de sorte que le profit des donations passerait au père, tandis que cela n'avait pas lieu pour la mère.

SECTION II.

Des donations sujettes à rapport.

Toute donation, même rémunératoire, tombe sous l'application de l'édit. Cependant, lorsque le donataire avait une action pour se faire tenir compte du service rendu, la donation n'était réductible que pour la part qui excédait la valeur du prix des services en vue desquels la donation était faite.

Sera réputé donation tout avantage que fait un conjoint à son second époux, même par testament, et nous verrons en traitant de l'article 1098 du Code Napoléon, qui ne parle que des donations, qu'il faudra le compléter de même.

Peu importe que la donation ait été faite pendant le mariage, ou qu'elle l'ait été avant, par contrat de mariage.

Nous croyons même que lorsque la donation a été faite avant le mariage, par un acte autre que le contrat de mariage, elle sera soumise à la réduction s'il apparaît qu'elle a eu lieu en vue du mariage. Autrement, une femme ayant l'intention de convoler en secondes noces, et voulant avantager son futur mari, n'aurait qu'à lui faire une donation quelque temps avant le mariage, et la défense de l'édit se trouverait facilement éludée si on maintenait une pareille donation.

Quant aux donations de biens à venir que la femme fait à son second mari, ou réciproquement, lorsqu'elles sont mutuelles et égales, tant par rapport aux risques que la donation renferme, l'âge des époux étant à peu près égal, elles ne sont pas moins sujettes à réduction. On en doutait cependant, et cela par la raison que ces donations auraient pu, jusqu'à un certain point, être considérées comme des contrats aléatoires. Cependant, la jurisprudence constante repoussait cette objection. C'est l'affection des parties, disait-elle, qui les pousse à se faire ces donations, et l'intention de bienfaisance suffit pour donner à cette opération le caractère de donation et la distinguer des contrats aléatoires (arrêt du parlement de Paris, 23 mai 1586). D'ailleurs, la pensée de l'édit, qui est de conserver aux enfants les biens de leurs père et mère, se trouve aussi bien éludée quand la donation est mutuelle que quand elle est pure et simple. Aussi, le droit romain, tout en permettant aux époux de se faire des donations mutuelles durant le mariage, en augmentant ou diminuant également la dot et la donation à cause de noces qu'ils s'étaient constituée au moment de se marier, restreignit-il cette liberté dans le cas de secondes noces par la loi 19, *C.*, *De don. ante nupt.*, pour prévenir les fraudes que l'on pouvait faire par cette voie à la prohibition de la loi *Hac edictali*.

La constitution de dot que la femme fait à son mari et que celui-ci gagne en cas de survie, était soumise à réduction par la loi *Hac edictali*, quoique ces sortes de constitutions fussent des conventions ordinaires, et qu'on les eût regardées jusqu'alors, plutôt comme des conventions matrimoniales que comme des libéralités. Cependant, le gain dégénérant, en cas de survie, en une espèce de donation au profit du mari et au préjudice des héritiers légitimes de la femme, on soumit ces constitutions de dot à la réduction pour ne pas permettre à la femme de tourner la prohibition de la loi. Cette disposition était en vigueur en France dans les provinces de droit écrit. Maynard (livre III, chapitre 85) nous l'atteste pour le parlement de Toulouse.

Nous comprendrons dans les termes de l'édit toute libéralité faite par un époux à son conjoint, que cette libéralité ait eu lieu par acte entre-vifs ou par acte testamentaire.

Il ne faut pas croire que les donations formelles sont seules sujettes à la réduction de l'édit. Les avantages qui se trouveraient renfermés dans une convention de mariage sont tout aussi bien réductibles. Telle est, par exemple, la clause de préciput. Ainsi, lorsqu'on est convenu par le contrat de mariage d'une veuve avec son mari que le survivant aurait par préciput une somme de 3,000 francs, et que le second mari survit, cette convention, en cas d'acceptation de la communauté par les enfants, renferme un avantage au profit du mari de la moitié de la somme convenue pour le préciput, avantage qui sera soumis à réduction, si la part de l'enfant le moins prenant était inférieure à 1,500 francs, moitié du préciput.

Nous croyons qu'il faut donner aujourd'hui la même décision, en nous fondant sur l'article 1527 : « Dans le cas, nous dit cet ar-« ticle, où il y aurait des enfants d'un précé-« dent mariage, toute convention qui tendrait, « dans ses effets, à donner à l'un des époux « au delà de la portion réglée par l'ar-« ticle 1098 sera sans effet pour tout l'excé-« dant de cette portion. » Cependant l'hésitation est permise sur ce point en présence de l'article 1516, qui nous dit que « le préciput n'est « point regardé comme un avantage sujet aux « formalités des donations, mais comme une « convention de mariage. »

Il est évident que la décision de l'ancien droit n'était vraie qu'autant que les enfants du premier lit acceptaient la communauté; car, s'ils y renonçaient, tous les biens de la communauté appartenaient au mari survivant, et la convention de préciput restait sans effet. Elle ne pouvait donc en ce cas constituer un avantage à son profit.

Même décision que ci-dessus, lorsque le préciput aura été constitué au profit d'une femme, avec clause qu'elle y aura droit, même en cas de renonciation à la communauté. Si elle renonce, la convention de préciput forme à son profit un avantage de toute la somme convenue pour le préciput.

La donation de l'usufruit de tous les biens faite par l'époux convolant à de secondes noces, à son nouveau conjoint, était soumise à la réduction de l'édit. Seulement, il y avait doute sur la manière dont on devait faire l'évaluation. Il aurait été naturel, pour faire cette évaluation, de tenir compte de l'âge du donataire. En effet, cette valeur est moins grande lorsque celui-ci a soixante ans que lorsqu'il en a trente. Tel, cependant, n'était pas à ce sujet l'avis des jurisconsultes anciens. Béchet, Brodeau, pensent qu'il faut toujours évaluer ces usufruits à un tiers de la propriété. La jurisprudence du parlement de Paris était conforme à cette opinion.

La communauté de biens est une espèce de contrat de société; dès lors, si le second mari n'a pas apporté autant que la femme, par exemple, si la femme a apporté 4,000 fr., et que le mari n'ait apporté que 1,000 fr., cette inégalité forme un avantage au profit du second mari, de la moitié de ce que la femme a apporté de plus que lui, et il est du total de ce qu'elle a apporté de plus lorsque dans le contrat il n'y a pas de clause au profit des enfants, qui leur permette de reprendre la part mise en communauté par leur mère. Ainsi, dans notre exemple, il y aura réduction si, lorsque les enfants acceptent, la part du moins prenant est moindre de 1,500 fr. ou moindre de 3,000 fr., s'il y a renonciation.

Si par hasard, outre cet avantage résultant de l'inégalité d'apports, le contrat de mariage contenait, au profit du second mari, une donation d'une part d'enfant le moins prenant, il est évident que le mari, recevant par cette donation tout ce que la loi lui permet de recevoir, les enfants, lors du partage de la communauté, prélèveront tout ce que leur mère a apporté de plus que lui.

Par assimilation de ce qui se passait dans l'ancien droit (pays de droit écrit) au sujet des constitutions de dot, nous déciderons que les ameublissements faits par une femme de ses immeubles pour les faire tomber en communauté, doivent être soumis à la réduction de l'édit, puisque c'est une manière d'avantager indirectement le mari. En effet, c'est avantager quelqu'un que de lui permettre de prendre une part dans une chose que la loi vous réserve propre, et c'est ce qui avait lieu pour les immeubles que possédaient les époux au moment de la célébration du mariage. Ce principe n'était pas douteux dans l'ancien droit[1]. Ce qui donnait lieu à plus de difficulté, c'était la question de savoir si ces immeubles ainsi ameublis par le premier contrat de mariage, de même que les autres conquêts, devaient être entièrement réservés, sans que le nouveau conjoint en pût profiter, ou bien si la femme pouvait en disposer au profit de son second mari jusqu'à concurrence d'une part d'enfant le moins prenant, de même qu'elle pouvait disposer de ses propres et acquêts. On décidait généralement que ce n'était pas là un véritable conquêt, mais seulement un conquêt fictif, et que la fiction ne devant pas s'étendre, la femme pouvait, en convolant à de secondes noces, disposer de ses biens ameublis de même que de ses autres biens. (Bacquet, *Traité des dr. de justice*, chap. 21, n° 352.)

Lorsque, à défaut de contrat de mariage, c'est-à-dire en cas de communauté légale, le mobilier de la femme remariée, tombé en communauté, est plus considérable que celui du mari, on verra dans ce fait un avantage au profit de ce dernier, de même que dans le cas d'inégalité d'apport, lorsqu'il y a communauté conventionnelle. Et c'est en vain qu'on voudrait prétendre que cette inégalité étant faite par la loi, puisque c'est elle, dit-on, qui fait tomber le mobilier en communauté, l'avantage ne doit pas tomber sous l'application de l'édit. En effet, il n'est pas vrai de dire que dans ce cas l'avantage n'est pas fait par la femme remariée à son second époux, mais bien par la loi. Il est vrai que c'est bien en vertu de la loi que le mobilier tombe en communauté légale, mais c'est là tout simplement une interprétation de la volonté des parties. Elles sont en effet censées connaître la loi; dès lors, si elles ont voulu se marier en communauté légale, c'est qu'elles ont entendu se soumettre à tous les effets résultant de cette espèce de communauté.

Dès lors, l'avantage qui résulte pour le mari de la différence du mobilier qui est tombé en communauté est un avantage qui lui vient de la condition tacite et virtuelle qui est censée être intervenue entre lui et sa femme, (Denizart v° Noces, n° 27).

Lorsque l'apport fait par la femme est plus considérable que celui du mari, mais que celui-ci apporte un art ou une profession, est-il admis à prétendre que son talent doit suppléer, en raison de ce qu'il produit, à ce qu'il a apporté en biens, de moins que la femme? Dans l'ancien droit, on admettait que le mari n'était pas fondé à formuler cette prétention, et cela pour deux raisons : 1° parce que l'estimation de cette industrie était trop difficile à faire en pratique; 2° parce que la femme apportait aussi, de son côté, une industrie profitable à la communauté;

c'est le soin qu'elle donne au ménage qui compensera l'industrie apportée par le mari. Nous croyons cette opinion peu soutenable en théorie, en présence du principe que l'industrie de l'un des associés peut servir d'équivalent à ce que l'autre associé lui apporte de plus en biens (L. 5, § 1, D., *Pro soc.*). Nous pensons qu'aujourd'hui ce sera là une question de fait laissée à l'appréciation des tribunaux.

Il ne peut résulter un avantage au profit du mari que de l'inégalité d'apports fait par la femme en capital, et non en revenus. Ainsi une femme a 1,000 en revenus, lorsque celui du mari n'atteint même pas le dixième de ce chiffre; il ne résulte pas un avantage indirect au profit du mari, du fait que cette femme aura contracté communauté avec lui. Ricard (3e partie, chapitre 9, n° 1211) décide que, quoique le mari profite des revenus de la femme, cependant cette communauté dans les revenus n'est point un avantage sujet à réduction, et cela, dit-il, « de crainte « qu'une décision contraire ne donne lieu à dissi- « pation, le mari voyant que les épargnes qu'il « pourrait faire lui apporteraient si peu de liberté. »

Nous ne regarderons comme avantage fait par un époux à son second conjoint, et par conséquent nous ne soumettrons à la réduction de l'édit, que la libéralité faite réellement par cet époux, en se dépouillant par son contrat de mariage d'un bien dont il était propriétaire au moment de son mariage. Ainsi, nous ne dirons pas qu'il y a libéralité tombant sous l'application de l'édit, lorsque la femme, qui, par une clause de son contrat de mariage, pouvait se réserver propres les successions mobilières qui viendraient à lui échoir pendant son second mariage, aurait négligé de le faire. Il n'y a là, en effet, rien de certain; il n'y a que des espérances; la femme ne s'est donc pas dépouillée pour avantager son mari, elle n'a fait que laisser aller le cours naturel de la loi de la communauté. Telle était la jurisprudence ancienne sur ce point (Bretonnier, I. IV, titre II, chap. 6). Nous verrons, en traitant de la législation actuelle, si cette décision peut être acceptée aujourd'hui, en présence des art. 1496 et 1527 du Code Napoléon.

Au contraire, lorsque les époux, au lieu de se conformer par leur silence à la loi sur la communauté, y dérogent formellement en convenant par contrat de mariage, que les successions mêmes immobilières, tomberont en communauté, nous verrons là l'intention manifeste de s'avantager entre eux, car la clause dont il s'agit n'est pas susceptible d'une autre interprétation. La part que le second mari a, en vertu de cette clause dans les successions immobilières, et *vice versa*, est un avantage qui devra être réductible dans le terme fixé par l'édit. Et en vain l'époux ainsi avantagé soutiendrait-il qu'il n'y a là qu'un contrat aléatoire, puisque, par cette clause, la femme ne lui a donné que des espérances à des successions immobilières, et que, de son côté, il en a fait autant au profit de cette femme. On lui répondra que les donations, quoiqu'en espérance, une fois cette espérance réalisée, sont de véritables donations, et comme telles soumises à réduction. Il suffit qu'en fait, il soit échu à la femme des successions immobilières auxquelles il aurait pris part et qu'il ne lui en soit échu aucune, ou, s'il lui en est échu, que la femme n'y ait pas pris une part équivalente à celle qu'il a trouvée dans la succession échue à sa femme.

L'augment de dot ou la donation à cause de noces avait été rendue légale dans les pays de droit écrit, de sorte que la femme devait avoir pour augment, sur les biens de son mari, la moitié de ce qu'elle lui a apporté en dot, encore qu'il n'y ait eu aucune convention à cet égard par le contrat de mariage. Cet usage, qui avait établi un augment coutumier dans les provinces de droit écrit, empêchait-il la réduction? On décidait que, quoique l'augment fût dû de plein droit, il n'était pas moins fondé sur la volonté des parties, puisqu'il était en leur pouvoir de le diminuer et même de le supprimer entièrement. On décidait donc que le mari convolant à de secondes noces ne pouvait, sous prétexte d'augment de dot, avantager sa seconde femme au delà de la part que lui accorde la loi *Hac edictali*, et l'édit, c'est-à-dire de la part de l'enfant le moins prenant. Trois arrêts du parlement de Toulouse confirment cette opinion (3 août 1575, 12 septembre 1598 et 3 juin 1613). Les deux premiers sont mentionnés par la Rocheflavin (liv. VI, t. XLI, art. 14), et le troisième par Cambolas (liv. II, chap. 36).

Il semble que l'on devait conclure de là que le douaire, même le coutumier, devait être soumis à réduction, puisqu'il n'est en quelque sorte que l'augment légal. Les raisons qui avaient dicté les décisions de l'ancien droit à l'égard de la communauté, auraient pu s'appliquer ici, car le douaire, aussi bien que la communauté, était établi par la coutume. Tel cependant n'était pas l'avis du plus grand nombre des jurisconsultes anciens. On décidait que, jusqu'à concurrence de la valeur du douaire coutumier, le douaire qu'un mari avait accordé à sa seconde femme ne devait pas être regardé comme un avantage, et par conséquent ne devait pas être soumis à la réduction de l'édit. Ce douaire conventionnel n'était réduit que pour la part qui excédait le douaire fixé par la loi (Pothier, *Traité du contrat de mariage*, 7me partie, chap. 2, n° 537). En principe donc, le douaire accordé par un mari à sa seconde femme, n'était pas considéré comme une libéralité, mais bien plutôt comme une convention matrimoniale. On ne le regardait comme une donation et on ne le traitait comme tel, que pour la part pour laquelle il excédait le douaire coutumier (arrêts du parlement de Paris du 18 juillet 1615 et 10 juillet 1656). En effet, les coutumes accordaient à *toutes* les femmes, sans distinguer si elles étaient remariées ou non, un douaire sur les biens du mari ; si donc, par son contrat de mariage, celui-ci accorde un douaire à la femme qui convole à de secondes noces avec lui, il ne fait que se conformer à la volonté de la loi, si ce douaire conventionnel est équivalent à celui que la femme aurait eu de par la loi; mais il est évident que, pour ce qui, dans ce douaire conventionnel, excède ce que la femme aurait eu à titre de douaire légal, celle-ci ne pourra pas prétendre le tenir de la loi; elle ne le peut tenir que de la volonté du mari, et doit par conséquent être soumis à réduction.

Ricard professait à ce sujet une opinion particulière. Il prétendait que le douaire, même légal, devait être réduit s'il y avait grande disproportion de fortune entre les époux : « Si le « mari, dit-il, épousant une seconde femme « était plus riche qu'elle..., de sorte que le « douaire coutumier se trouvât excessif, eu égard « à ce que la femme aurait apporté de sa part « en mariage, et beaucoup au-dessus de ce « qu'un père prudent, qui aurait eu en mémoire « les enfants de son premier mariage, aurait

« constitué de douaire : je crois en ce cas que « le douaire coutumier que le mari aurait laissé « en son entier, devrait être considéré comme « une libéralité extraordinaire, sujette au re- « tranchement de l'édit. » (Ricard, *Traité des donations entre vifs*, 3ᵉ partie, chap. 9, n. 1221.)

Ce qui choquait Ricard, c'était de voir dans l'opinion généralement admise la femme emporter, dans certains cas, tous les biens du mari à titre de douaire, « Ce qui peut, dit-il, se pré- « senter assez fréquemment parmi nous au « moyen de ce qui se juge, qu'il n'y a que les « rentes foncières et constituées qui servent à « diminuer le douaire : tellement, que les biens « d'un mari consistant en des conquêts de la « première communauté, dans lesquels le se- « cond douaire est de moitié, et ayant des dettes « mobilières qui absorbent la moitié de ces « conquêts, ce qui arrive souvent, il se trouvera « que le deuxième douaire coutumier emportera « toute la succession du mari (Ibid., n° 1224). » C'était là, il faut l'avouer, un grand inconvénient du système qu'il combattait, mais le sien avait celui non moins grand, d'ouvrir la porte à une foule de procès, en laissant à la discrétion des juges d'apprécier jusqu'à quelle concurrence le douaire doit être regardé comme un avantage. En outre, les lois coutumières ne réglaient le douaire ni sur l'état de la femme avant son mariage, ni sur les biens qu'elle avait apportés à son mari.

La législation actuelle n'accordant aucun douaire à la femme, il faut aujourd'hui traiter comme une donation toute stipulation de douaire.

SECTION III.

Des cas dans lesquels il y a lieu à réduction des donations faites au second mari ou à la seconde femme.

Comment s'opère cette réduction?

Trois conditions sont nécessaires pour qu'il y ait lieu à réduction, il faut :

1° Que l'époux convolant en secondes noces, ait eu un enfant du précédent mariage.

2° Que quelqu'un de ses enfants lui ait survécu.

3° Que ce qui a été donné aux personnes comprises dans la prohibition de l'edit excède la part qu'a eue ou avait droit d'avoir, dans les biens du donateur, celui de tous ses enfants, de quelque mariage que ce soit, qui a la moindre part.

Sur quelle part d'enfant devra-t-on se régler pour réduire les donations faites au mépris de l'édit?

Devra-t-on considérer ce que l'enfant le moins prenant a pris effectivement, ou prendra-t-on pour type sa légitime, quoique la part qu'il prend soit moindre que cette légitime? C'était là, ainsi que nous l'apprend Ricard, une question très-controversée. Le doute provenait de ce que la loi *Hac edictali* s'était servie du mot *relictum :* ce mot, disait-on, ne s'applique qu'aux donations, et nullement à ce que l'enfant peut avoir à titre de succession ou de légitime. Aussi plusieurs jurisconsultes tels que Dumoulin, Cujas sur la loi *Hac edictali*, et Coquille, dans ses institutions, au titre *Des droits des mariés*, professaient cette opinion, et ils ont soutenu qu'on devait, pour faire la réduction, avoir égard non pas à la légitime, mais bien à ce qui avait été laissé par l'époux remarié, au moins avantagé des enfants. La très-ancienne jurisprudence des parlements avait embrassé cette opinion. Chenu (*Quest.* 65 et 66) et Chopin (*Sur la coutume d'Anjou,* liv. III, chap. 1, tit. 1, n° 9), nous l'attestent pour le parlement de Paris; d'Expilly (chap. CLXVII de ses *Arrêts*) nous apprend que telle aussi était autrefois la jurisprudence du parlement de Grenoble. Quant au parlement de Bordeaux, il a toujours professé cette opinion, et il ne l'a même jamais abandonnée.

L'opinion contraire professée par Bald, dans son Commentaire sur la loi *Hac edictali*, finit cependant par triompher, et elle est enseignée par Ricard (*Traité des donations entre-vifs*, 3e partie, chap. 9, n° 1255) et Pothier (*Traité du contrat de mariage*, 7e partie, chap. 2, n° 561). Le premier de ces auteurs rejette même l'argument que l'on tire dans l'opinion contraire à la sienne du mot *relinquere*, employé par la loi romaine. « Si, dit-il, elle s'est servie « du mot *relinquere*, ça été plutôt par rapport « au second mari qu'aux enfants. Mais lors- « qu'elle explique la portion sur laquelle la do- « nation faite au second mari doit être réglée, « elle se sert d'un mot commun qui convient « aussi bien à ce qui échet aux enfants à titre « de succession et de légitime, qu'à ce qui leur « a été donné et légué par leur mère : *plus quam* « *ad unumquemque eorum pervenit*. »

Il se fonde en outre sur ce que la loi 9, C., *De secl. nupt.*, qui n'est que l'interprétation de la loi *Hac edictali*, en parlant de la portion des enfants, sur laquelle les avantages faits au second mari doivent être réglés, comprend tout ce qui leur doit être laissé ; ce qui comprend évidemment la légitime : *Quæ uni filio vel filiæ ex anteriore matrimonio progenitis danda vel relinquenda sunt*.

Enfin, ajoute-t-il comme dernier argument, adopter la première opinion c'est permettre à l'époux donateur de révoquer indirectement la donation qu'il a faite à son conjoint, puisqu'il lui serait loisible de faire par son testament un legs de minime valeur à un de ses enfants, et de rendre ainsi la donation réductible sur le pied de ce legs. Bien plus, si la loi et l'édit n'avaient considéré, pour réduire la donation du second mari, que ce que la femme a donné à un de ses enfants, il s'en suivrait que si elle n'avait fait aucune donation à ses enfants, la donation faite au mari devrait demeurer inutile ou sans réduction.

C'est à cette dernière opinion que s'était ralliée dans le dernier état de la jurisprudence la presque totalité des parlements. Brodeau sur Louet (lettre N, n° 3) et Henrys (tome I, livre IV, quest. 58) nous l'apprennent pour le parlement de Paris; la Rocheflavin (l. II, let. M, tit. IV, art. 41), Maynard (liv. III, chap. 74), Cambolas (liv. IV, chap. 18), pour le parlement de Toulouse. Enfin, les parlements de Grenoble (d'Expilly, *Arrêts*, chap. 167) et de Dijon (Bouvot, partie I, v° DONATIONS) avaient suivi la même doctrine.

La même décision était donnée par les anciens auteurs, lorsque l'enfant s'en tenait à son legs ou à sa donation, sans demander un supplément de légitime. Dans ce cas même, on se réglait sur la légitime à laquelle l'enfant aurait eu droit de prétendre, pour réduire la donation faite par l'époux remarié à son conjoint; et cela avec raison, car les enfants qui avaient pris leur légitime, auraient pu acheter le silence et l'inaction de leur frère donataire, pour avoir le droit de réduire à cette part minime leur père ou leur mère, au profit duquel la donation avait été faite.

Quelques coutumes anciennes excluaient les filles mariées de la succession de leurs père et mère, sans qu'elles pussent demander leur légitime, quoiqu'il ne leur eût été fait aucune donation, soit en faveur du mariage, soit autrement; en outre, il était d'usage général de permettre aux parents, en mariant leurs filles, de les priver de leur succession, lorsqu'il les avaient dotées.

A cet égard, s'élevait la question de savoir si la donation faite par la mère de la fille à son second mari, devait être réduite à la dot qu'avait reçue la fille, ou même être annulée, dans le cas où celle-ci n'aurait rien reçu. Il semblerait au premier abord qu'on devrait se décider pour l'affirmative, en disant que la loi *Hac edictali* et l'édit n'ont pas considéré les enfants comme héritiers, mais en leur pure qualité naturelle d'enfants. De plus, la défense faite à l'époux remarié d'avantager son nouveau conjoint au delà de la part de l'enfant le moins prenant, serait éludée. Malgré ces objections, les anciens auteurs rejetaient cette opinion et se décidaient pour la négative. Ricard (*Traité des donations entre-vifs*, 3e partie, chap. 9, gl. IV, n° 1266) nous dit, en effet, que malgré le terme général d'*enfants*, dont se sont servis l'édit et la loi romaine, on ne doit entendre par là que les enfants capables de venir à partage; car le but unique de ces lois était de réparer le préjudice en faveur de ceux qui en auraient souffert. Or, ici les filles ayant renoncé par leur contrat de mariage à la succession de leur mère, ou étant exclues de cette succession par la coutume, ne souffrent aucun préjudice par le fait de leur mère, et par conséquent elles ne doivent pas être considérées à l'égard du retranchement, qui est fait en vertu de l'édit. On ne peut alléguer que la mère oblige ses filles à renoncer à sa succession pour favoriser son second mari; cette renonciation, en effet, est faite en faveur des autres enfants, et ce qui le prouve, c'est que cette renonciation deviendrait inutile, si les autres enfants venaient à prédécéder. On peut même ajouter que le second mari ne profite pas de ces renonciations, car la part de la fille renonçante servira à multiplier les parts héréditaires et à diminuer, par cela même, les droits du mari, puisque la renonciation de la fille en ce cas, est une espèce de transaction, qui fait qu'elle subsiste dans la succession. La fille qui a ainsi renoncé, n'a plus de part dans la succession de la mère; dès lors, on ne saurait dire que la dot qu'elle a reçue, est sa part dans les biens de la donatrice.

Nous avons vu que, d'après la constitution des empereurs Léon et Anthémius, les petits-enfants sont assimilés aux enfants du premier degré, de sorte que la donation faite au second mari, devait être réduite sur le pied de ce que le moins avantagé des enfants ou petits-enfants prend dans les biens de sa mère ou de son aïeule donatrice, quoique régulièrement on ne considère tous les petits-enfants issus d'un même père, que pour une tête, dans la succession de leur aïeul ou aïeule. *Quam observationem*, dit la loi, *in personis avi, vel aviæ, proavi et proaviæ, nepotum vel neptium, item pronepotum et proneptium custodiri censemus* (L. 6, C., *De sec. nupt.*) De là naissait la question de savoir, s'il fallait réduire sur le pied de ce que chacun des petits-enfants aurait reçu de leur aïeul, ou bien de ce dont ils profitent tous ensemble, en considérant comme une seule tête tous les petits-enfants issus du même père. L'édit avait bien assimilé les enfants aux petits-enfants, mais il n'avait pas tranché notre question de savoir si on doit considérer chacun des enfants par tête, ou tous ensemble, par souche.

Et d'abord, on voit que les anciens auteurs sont d'accord pour décider que, lorsqu'il y a des petits-enfants de plusieurs souches qui viennent à la succession de la femme, la donation faite au mari, devra se réduire en prenant pour base la part de la souche la moins prenante dans la succession et non la part échue à chacun des petits-enfants, individuellement.

Même décision encore lorsqu'il y avait des enfants du premier degré, venant en concours avec des enfants d'un enfant prédécédé. Ces petits-enfants, venant par représentation de leur père, ne forment qu'une tête, et on doit encore avoir égard, pour réduire la donation faite par l'époux remarié prédécédé à son conjoint, à la part que prend dans la succession la souche tout entière, si cette part est moindre que la part échue à l'un des enfants du premier degré (Pothier, *Traité du contrat de mariage*, 7e partie, chap. 2, n° 564; Ricard, *Traité des donat. entre-vifs*, 3e partie, chap. 9, gl. IV, n° 1271).

Mais la difficulté était plus grande et l'avis des jurisconsultes était partagé dans le cas où la femme n'a laissé que des petits-enfants d'une même souche, qui viennent à sa succession. Dans ce cas, en effet, le partage ne se fait pas par souche, mais par tête, sans le secours de la représentation; et d'un autre côté il est vrai de dire qu'ils succèdent au lieu de leur père, qui n'eût fait qu'une tête, s'il eût survécu. Aussi voyons-nous le parlement de Toulouse, par arrêt du 16 mai 1619 (Cambolas, liv. IV, ch. 18), se fondant sur cette dernière considération, décider que tout ce qui était pris par les petits-enfants, ne devait former qu'une portion, sur laquelle devait être réduite la donation faite au second mari, et non pas sur ce que chacun des petits-enfants prenait individuellement.

Telle n'était pas cependant l'opinion de nos deux grands auteurs coutumiers, Ricard et Pothier. Ils décident tous deux (Pothier, *loc. cit.*, n. 565, et Ricard, *loc. cit.*, n° 1273) que la donation faite au mari sera en ce cas, réduite à la portion que prend celui des petits-enfants, qui aura la moindre part dans la succession de l'aïeul. Pothier (n° 565), répondant à la raison qui a servi de fondement à l'arrêt du parlement de Toulouse, que nous avons cité, nous dit : « Il « est faux que les petits-enfants viennent en ce « cas *au lieu de leur père*, qu'ils représentent; « mais, dans ce cas-ci, où il n'y a pas lieu à la « fiction de la représentation, ces petits-enfants « viennent de leur chef, ils ne représentent « pas leur père : on ne peut donc dire qu'ils « viennent *au lieu de leur père*, car venir *au lieu* « de quelqu'un, c'est le représenter. »

Ricard (n° 1273), après avoir décidé, pour les deux cas que nous avons examinés plus haut, qu'il faut considérer les enfants d'une même souche comme ne formant qu'une tête, arrivant à traiter de notre question, est d'un avis contraire à celui qu'il a émis pour les deux autres cas, et son opinion a été suivie par Pothier.

Il s'exprime ainsi : « Les principes sur les« quels nous avons déterminé les deux premiers « cas veulent néanmoins que nous prenions « une résolution contraire à l'égard de celui-ci, « parce que les successions étant considérées

« en l'état qu'elles se trouvent au jour du décès « de celui qui y fait ouverture par sa mort, tant « à l'égard des biens qui s'y rencontrent que « des personnes qui les recueillent, et les petits- « enfants venant à la succession de leur aïeule, « dans notre dernière espèce, comme héritiers « principaux, chacun de son chef et en vertu « de son propre droit, de sorte qu'il y a autant « de portions principales dans la succession « qu'il y a de petits-enfants, le second mari n'a « point d'autre proportion à chercher, pour ré- « gler les avantages qui lui ont été faits aux « termes de l'édit et de la loi, que la moindre de « ces portions, puisqu'ils parlent, comme nous « l'avons remarqué, des enfants et des petits- « enfants indifféremment. »

Ricard et Pothier étaient donc parfaitement d'accord sur cette question, et c'est à tort, croyons-nous, que le savant annotateur de Pothier veut voir une divergence d'opinions entre ces deux auteurs.

L'opinion de Ricard, nous dit-il, lui paraît préférable à celle de Pothier. Quant à nous, nous ne voyons aucune différence entre ces deux opinions. C'est évidemment de l'opinion du parlement de Toulouse que notre savant professeur entend parler, opinion nullement partagée par Ricard.

Cette opinion de Pothier et de Ricard avait été consacrée par arrêt du parlement de Paris de l'année 1651, cité par Brodeau sur Louet, et par un arrêt du parlement d'Aix du 6 avril 1580.

Dans la législation actuelle, la question n'aura un intérêt, ainsi que le fait remarquer le savant professeur de l'École de droit de Paris, M. Bugnet, qu'autant qu'il y aura plus de trois enfants; car le conjoint donateur ne peut disposer de plus d'un quart. Sous l'empire du Code, nous adoptons volontiers l'opinion que M. Bugnet prête à Ricard, en présence de l'art. 914 du Code Napoléon, qui s'exprime ainsi : « Sont « compris dans l'article précédent, sous le nom « d'*enfants*, les descendants, en quelque degré « que ce soit; néanmoins, ils ne sont comptés « que pour l'enfant qu'ils REPRÉSENTENT dans « la succession du disposant. » Nous nous fondons, pour le décider ainsi, sur l'interprétation, aujourd'hui généralement adoptée, d'après laquelle le mot *représentent* de cet article est regardé comme détourné de son acception scientifique. Au lieu donc des mots *qu'ils représentent* de l'article, nous devons lire *dont ils sont issus*.

A quelle époque faut-il se placer pour examiner si la donation faite au second époux par son conjoint, excède une part d'enfant le moins prenant, ou bien si elle a été faite dans les termes de l'édit? Il y avait des auteurs qui prétendaient qu'il fallait se placer à l'époque où la donation avait été faite, c'est-à-dire le plus souvent au moment de la confection du contrat de mariage. Mais, la loi n'ayant pas imposé l'obligation de faire un inventaire à cette époque, il serait impossible, lorsqu'il serait question de faire le partage, de savoir en quoi consistaient les biens, lors du mariage. En outre, les enfants, même du second mariage, servent aussi à diminuer les avantages faits au second mari, ainsi que nous le verrons plus loin. Il ne se pouvait rien faire de certain au moment de la célébration. Dès lors, les anciens auteurs, et parmi eux Ricard (*Traité des don. entre-vifs*, 3e partie, chapitre 9, gl. IV, n° 1276), nous disent que c'était au moment de la mort du donateur qu'il fallait se p' .cer, pour trancher cette difficulté.

Ricard suit en cela la prescription de Justinien en sa Novelle XXII, chapitre 28 : *Tempus illud considerandum est, secundum quod binubus moritur*, etc. Telle était l'ancienne jurisprudence française, tant pour les pays de droit écrit que pour les pays coutumiers. Cambolas (l. II, chapitre 36) nous l'apprend p ur le parlement de Toulouse. Nous voyons par Brodeau sur Louet (lettre N, n° 2) et par Chopin sur la coutume de Paris (livre II, titre III, n° 8), que telle était aussi la jurisprudence du parlement de Paris. Le premier arrêt sur cette matière est du 7 septembre 1584, le second du 23 mai 1586, le troisième du 4 août 1635.

Au reste, ainsi que le fait remarquer Ricard, cette opinion ne devra être suivie qu'autant que le donateur n'aurait pas exprimé une volonté contraire.

Quid dans l'espèce suivante? Une femme ayant des enfants d'un premier mariage, fait à son mari une donation égale à une part d'enfant le moins prenant; ses enfants décèdent avant elle, de sorte qu'à son décès il ne se trouve aucun enfant. Comment s'opèrera maintenant la réduction de la donation faite au mari? Il faut supposer, pour qu'une difficulté s'élève, que l'intention de la donatrice n'était pas de faire une donation de tous ses biens à son mari, auquel cas ses héritiers collatéraux n'auraient pu demander la réduction en vertu de l'édit, car les enfants seuls jouissent de ce privilége, mais bien de restreindre sa donation à une partie de ses biens. Cette question, soumise à Ricard (*Donat. entre-vifs*, 3e partie, chap. 9, gl. IV, n° 1281), fut tranchée par lui en ce sens que, lorsqu'on a donné une partie de ses biens sans les désigner particulièrement, cette partie doit être la moitié, qui est le plus équitable des partages.

Cette opinion fut consacrée par un arrêt du 21 juin 1763. Voici l'espèce rapportée par Denizart.

Marguerite Leroi, qui avait un fils de son premier mariage avec Pierre de la Marre, épousa en secondes noces le sieur Bourgoin, à qui elle fit une donation de part d'enfant.

L'enfant du premier lit mourut depuis le second mariage, et la dame Bourgoin n'en laissa pas du second. Après son décès, il s'est agi de savoir, entre ses collatéraux et le sieur Bourgoin, si celui-ci devait avoir la totalité des biens de la femme ou seulement la moitié; il soutenait que la totalité devait lui appartenir, parce qu'il ne devait, disait-il, reconnaître d'autres concurrents que les enfants de sa femme dans le partage de la succession, et que sa portion devait augmenter ou diminuer, à proportion de ce que le nombre des enfants se multiplie ou s'affaiblit. Il citait Lebrun (*Des Successions*, liv. II, chap. 6, section I, distinction V, n° 12), et ajoutait que la prohibition portée par l'édit des secondes noces, n'était pas faite en faveur des collatéraux.

Les légataires universels de la dame Bourgoin et ses héritiers opposaient à cela l'opinion d'Arjou, de Ricard, de Duplessis, de Lemaître, et, par sentence du Châtelet, du 22 avril 1762, confirmée par un arrêt rendu en la grand'chambre, le 21 juin 1763, le partage par moitié entre le mari et les héritiers et légataires universels fut ordonné.

Lorsqu'une femme ayant des enfants d'un précédent mariage, passe successivement à un deuxième, troisième ou quatrième mariage et qu'elle a fait des donations à son second, troisième ou quatrième mari, chacun de ces maris doit-il avoir une portion d'enfant, ou bien doivent-ils se contenter d'en prendre une à eux tous? C'est dans ce dernier sens que se décidaient nos anciens auteurs. Ainsi, par exemple, si la donation faite par la femme à son second mari, était égale à la part de l'enfant lemoins prenant, le troisième n'aurait droit à rien, et *à fortiori* pour le quatrième. Si cette donation était inférieure à la limite permise par l'édit, le troisième mari donataire venait prendre ce qui manquait à la première donation pour parfaire la part de l'enfant le moins prenant, et ainsi de suite. En effet, l'édit ne dit pas : « ne peu-« vent donner à *chacun* de leurs nouveaux ma-« ris, » mais bien : « ne peuvent donner à *leurs* « *nouveaux maris* plus qu'à un de leurs en-« fants. » En outre, il ne faut pas que le droit de la femme augmente à raison de la multiplicité de ses mariages. Il est évident que plus elle s'engage en de nouvelles affections, dit Ricard (n° 1321, *ibid.*), qui l'éloignent toujours davantage de celle qu'elle devrait avoir conservée pour ses premiers enfants, moins sa condition doit être favorable.

SECTION IV.

Quels sont les enfants qui peuvent demander la réduction ordonnée par l'édit et en profiter.

La règle à ce sujet a souvent varié en droit romain, ainsi que nous l'annonce la loi *Hac edictali* (L. 6, C., *De sec nupt.*), qui introduisit, la première, ce retranchement. Cette loi ne s'était pas expliquée elle-même en termes formels à cet égard : elle ne nous dit pas de quels enfants elle entend parler. Cependant, un examen attentif de cette loi nous montre que les enfants sur lesquels elle veut que la réduction soit réglée, seront ceux du premier lit, et que c'est à eux aussi qu'elle attribue ce retranchement. Elle parle, en effet, au commencement, des enfants que l'époux qui se remarie a au jour de son second mariage, et elle continue par rapport aux mêmes enfants : *Sin autem non æquis portionibus ad eosdem liberos memoratæ transierint facultates*. Vient ensuite la loi *Quoniam* (L. 9, C., *De sec. nupt.*), qui enlève tout doute à ce sujet et nous prouve que tel est bien le sens de la loi 6. Elle suppose en effet, comme une chose constante que cette première loi n'avait trait qu'aux enfants du premier lit : *Quoniam præteritæ leges omnia quæ liberis ex priore matrimonio procreatis, mulier quidem secundo marito, vir autem secundæ uxori.... dederit vel reliquerit, his ampliora quæ uni filio, vel filiæ ex anteriore matrimonio progenitis danda, vel relinquenda sunt, revocata* AD SOLOS FILIOS VEL FILIAS EX ANTERIORE MATRIMONIO NATOS *pervenire constituerunt.*

Cette loi 9, corrigeant la loi 6, vint décider, contrairement à ce que s'était observé jusqu'alors, que le retranchement serait partagé également entre tous les enfants, tant du premier que du second mariage : *Hoc corrigentes, omnia quæ memorato modo revocantur, non solum ad filios prioris matrimonii, sed etiam ad eos qui ex secundis nuptiis nati fuerint, pertinere, et in capita inter omnes dividenda sancimus.*

Enfin, le même Justinien, par sa Novelle XXII, chap. 27, abrogeant la loi *Quoniam*, rétablit l'usage antérieurement suivi en vertu de la loi *Hac edictali*, et décida que le retranchement appartiendrait aux enfants du premier lit, à l'exclusion des autres : *Namque ex secundis nuptiis filios participari etiam horum, scriptum quidem in quadam constitutione est : non tamen etiam nunc nobis placet : sed ex priori matrimonio filiis, propter quos et observatum est, detur solis.*

En France, l'édit des secondes noces, parlant des enfants en général, sans distinguer entre les enfants du premier lit et ceux des autres, nous croyons devoir les faire tous participer au bienfait de l'édit. Cette opinion est plus raisonnable et plus équitable que celle qui prétendrait empêcher les enfants du second lit de participer au retranchement. En effet, les biens retranchés étant les biens de la mère commune, tous les enfants, de quelque mariage qu'ils soient issus, appartenant autant à leur mère les uns que les autres, ils y doivent avoir un droit égal. En outre, les enfants du second lit ne sont pas compris dans la prohibition que l'édit prononce contre leur père, et ils sont capables de recevoir des libéralités de leur mère, qui a passé à un second mariage. Pourquoi dès lors, les priver de prendre part au retranchement ? Ce serait le comble de l'inconséquence. Souffrir, en effet, que la mère leur fasse des libéralités, c'est permettre à celle-ci de les avantager au préjudice des enfants du premier lit, en réduisant ceux-ci à leur légitime; tandis que leur permettre de participer au retranchement, c'est leur laisser seulement ce qui leur appartient en vertu du droit commun et faire, ainsi que le dit Ricard, « que les biens de la mère « soient partagés comme si la donation faite au « second mari n'était pas excessive, ce qui est le « seul but de l'édit, dont la peine, par notre « usage, ne s'étend pas contre les enfants du se- « cond mariage. »

Nous avons vu que la coutume de Paris, plus rigoureuse que l'édit, en son art. 279, regarde la part, que la femme remariée a prise dans les conquêts faits avec son précédent mari, comme avantage nuptial, de sorte qu'elle lui en interdit la disposition. Cependant, par application des principes que nous venons d'énoncer, elle ordonne que cette part de conquêts sera partagée également entre les enfants, tant du premier que du second lit.

Cette question ainsi résolue, nous sommes amenés, pour être conséquents, à décider que, si l'un des enfants du second lit se trouve moins avantagé, sa part doit servir de base pour la réduction de la donation, puisque, avons-nous dit, l'édit a été fait pour protéger *tous* les enfants de la femme qui se remarie, tant les enfants du premier lit que ceux du second. On peut dire, en effet, que l'édit a eu en vue de tempérer l'imprudence de la femme qui se remarie, aussi bien pour les enfants à naître du second mariage que pour ceux qui existaient du premier. C'est ce que déclare un arrêt de la chambre des enquêtes, du 18 juin 1614, rendu sur l'avis des chambres, qui déclarèrent que l'ordonnance interprétative de la loi *Hac edictali* se doit entendre *de liberis natis et nascituris*.

Une seconde conséquence de notre principe, c'est que les enfants du second lit, qui ne peuvent intenter l'action en réduction de la donation, faite au second mari par leur mère remariée, peuvent intenter cette action comme les enfants du premier lit, lorsque l'un de ces derniers vient à survivre.

De plus, quand même les enfants du premier lit négligeraient de demander la réduction et feraient remise de leur action à leur beau-père, leur inaction ne pourrait en rien préjudicier aux enfants du second lit. En effet, les enfants du premier lit, en remettant leurs droits, ne peuvent remettre que la part qui leur revient dans les biens retranchés et non celle qui appartient aux enfants du second lit.

Nous ferons remarquer, en terminant, que la décision que nous avons donnée sur cette question, n'était pas universellement adoptée en France. Ainsi, les pays de droit écrit suivaient les principes posés par la Novelle XXII, ch. 27, et n'attribuaient les biens retranchés qu'aux enfants du premier lit. Telle était la doctrine du parlement de Toulouse, d'après le témoignage de Cambolas (liv. IV, chap. 18). Il semble aussi que le parlement de Bourgogne a suivi la même doctrine pour la province de Bresse, pays de droit écrit (arrêt du 12 juin 1612). Le parlement de Paris lui-même s'est conformé à la disposition de la Novelle, pour les provinces de son ressort, qui suivaient le droit romain. C'est ce que nous apprend Brodeau sur Louet, en mentionnant un arrêt de ce parlement, du 4 juillet 1606, confirmatif d'une sentence arbitrale de la ville de Lyon. Dans d'autres cas, au contraire, le parlement de Paris s'est écarté de cette doctrine et a consacré la jurisprudence suivie dans les pays de droit coutumier, entre personnes domiciliées dans des pays de droit écrit.

Nous avons plusieurs arrêts de ce parlement dans ce dernier sens. Nous en voyons un cité par Leprêtre (Centurie I, chap 49) du 12 mars 1610. Le second a été rendu le 7 septembre 1645, en infirmant une sentence du sénéchal de Lyon, et le troisième est du 7 mars 1648.

Une question fort importante dans l'ancien droit était celle de savoir si les enfants, soit du premier, soit du second mariage, pour demander la réduction et profiter du retranchement, devaient ou non accepter la succession de la mère, qui avait fait la donation. Ricard et Pothier, nos guides en cette matière, décident qu'il n'est pas nécessaire qu'ils soient héritiers. Ils se fondent sur ce que l'édit attribue directement cet avantage aux enfants en cette seule qualité, sans en demander d'autres, et que, dès lors, on ne peut pas être plus rigoureux à leur égard que la loi, qui leur attribue ce droit par une prérogative particulière, sans les obliger à prendre la qualité d'héritier, qui pourrait leur être nuisible sous d'autres rapports et qui ne leur est pas nécessaire en cette occasion. Leur mère ayant, en effet, par la donation qu'elle a faite à son second mari, mis hors de ses biens tous les biens donnés, tout ce qui est compris dans la donation ne fait pas partie de sa succession. Dès lors, il n'est pas nécessaire, disent ces auteurs, de prendre la qualité d'héritier pour avoir droit aux biens retranchés ; ce n'est pas la loi des successions, mais seulement l'édit des secondes noces qui leur attribue ce retranchement. Aussi, soit que tous les enfants renoncent à la succession, soit qu'il y en ait qui l'acceptent, ils sont tous admis à partager le retranchement.

Mais, peut-on objecter, la donation faite par la femme à son second mari, est nulle pour ce qui excède la portion permise par l'édit, dès lors, cette part de biens n'est jamais sortie de son patrimoine, elle est toujours restée dans ses biens, elle doit donc se trouver dans sa succession, une donation nulle ne pouvant pas transférer la propriété. Il faut donc venir à sa succession et être son héritier pour pouvoir prendre ce retranchement. A cette objection, Pothier répond que la nullité de la donation, pour ce qui doit être retranché, n'est qu'une nullité relative, établie en faveur des enfants; or, il n'y a que la nullité absolue, qui s'oppose à ce que la propriété soit transférée. La propriété de la donation entière a été transférée au mari et l'édit ne donne aux enfants qu'une action révocatoire, par laquelle ils peuvent faire retrancher de la donation ce que leur mere a donné de plus que l'édit ne lui permettait.

Ricard argumente, en outre, dans cette opinion, par analogie de ce qui se passe en matière de douaire, dont les enfants profitaient dans l'ancien droit, en leur simple qualité d'enfants et en renonçant à la succession.

De même encore, Justinien, dans sa Novelle XXII, chap. XX, attribue l'augment de dot aux enfants, quoiqu'ils ne soient pas héritiers. Il se fonde, enfin, sur la loi 9, D., *De jur. patron.*, qui permet aux enfants de conserver la portion qui leur appartient dans les biens de l'affranchi, tout en répudiant la succession du père.

Quant à nous, il nous est difficile de partager l'avis de ces auteurs. Il est vrai que les biens compris dans la donation ne se trouvent plus dans la succession de l'époux donateur, en ce qui touche les créanciers et légataires. Nous admettons même que ces créanciers et légataires, comme dans le cas de réduction (art. 921 Code Nap.), ne pourront pas profiter du retranchement obtenu par les enfants; ceux-ci n'ont le droit de demander le retranchement qu'autant qu'ils acceptent, au moins bénéficiairement, la succession de l'époux donateur. Du moment qu'ils y ont renoncé, ils doivent être considérés comme étrangers aux biens du défunt et aux dispositions qu'il aurait pu faire, tant entre-vifs que par testament.

Nous appliquerons ici, en d'autres termes, ce que dit l'art. 921 Code Nap., relativement aux réductions.

« La réduction, dit cet article, des dispo-« sitions entre-vifs ne pourra être demandée « que par ceux au profit desquels la loi fait « la réserve, par leurs héritiers ou ayants cause ; « les donataires, les légataires ni les créanciers « du défunt, ne pourront demander cette réduc-« tion, ni en profiter. »

Tout en accordant aux enfants renonçant à la succession de l'époux donateur, le droit de prendre le retranchement, les mêmes auteurs veulent que ces enfants soient habiles à succéder. Ainsi, ils refusent le droit de prendre le retranchement aux enfants exhérédés avec juste cause, et aux filles que certaines coutumes excluaient de la succession ou qui y avaient renoncé par contrat de mariage.

Cette différence est fondée, nous dit Ricard, sur ce que la pensée de l'édit a été de réparer le préjudice causé par le second mariage de la mère et par les avantages imprudemment faits à son second mari. Dès lors il n'y a que ceux qui souffrent ce dommage, qui doivent participer à la réparation. Or, les enfants exhérédés et les filles, qui ont renoncé à la succession par leur contrat de mariage, n'ayant aucun dommage à souffrir, puisqu'ils n'ont droit à rien, ne doivent pas participer à ce que l'édit considère comme une réparation du préjudice causé. Enfin, si on admettait ces personnes à participer au retranchement, il se produirait une bizarrerie inexplicable. Il arriverait, en effet, que les enfants habiles à succéder souffriraient un préjudice par le moyen de l'édit, et que ceux qui étaient entièrement exclus de la succession, prendraient part dans un bien, en vertu du même édit; ceux donc, qui devraient être exclus seraient appelés à cette espèce de bien en vertu de l'édit, qui ne ferait de la sorte, qu'ôter une partie du bien à ceux auxquels il était destiné pour le tout, et la donner à ceux qui ne devaient y avoir aucun droit, si cet édit n'avait jamais existé.

Quoi qu'il en soit de ces raisonnements, qui peuvent paraître assez plausibles, il nous est difficile quant à nous d'admettre l'opinion qui permet aux enfants de prendre part au retranchement, tout en renonçant à la succession de l'époux donateur, surtout en présence de cette dernière décision, concernant les exhérédés et les filles renonçantes, décision qui nous paraît peu en harmonie avec la première.

Du reste, une grande partie des auteurs anciens et la plus grande partie même d'entre eux, ainsi que l'atteste même Ricard (*Traité des donat. entre-vifs*, 3e partie, chap. 9, gl. VI, n° 1308), était d'un avis contraire au sien et à celui de Pothier, quant en ce qui concernait les filles qui avaient renoncé par contrat de mariage à la succession du père donateur ou de la mère donatrice. Ces auteurs admettaient la fille ayant ainsi renoncé, à prendre part avec les autres enfants, aux biens réservés aux enfants, lorsque le père ou la mère avaient convolé en secondes noces. Ricard remarque que cette décision était vraie en droit romain, en vertu de la loi *Hac edictali*, § 3, et qu'elle n'est donnée que par les auteurs français, qui se sont occupés de l'interprétation de statuts romains, comme appartenant aux provinces de droit écrit. Mais nous voyons Brodeau sur Louet, lett. N, n° 3, auteur coutumier, donner cette même décision. Il est vrai que Ricard l'accuse d'inconséquence. Qu'il nous suffise, quant à nous, de savoir que l'opinion de Ricard n'était pas universellement admise en France.

Du principe admis par Ricard, que les enfants ne prennent pas les biens retranchés en leur qualité d'héritiers, mais bien en vertu de l'édit et directement, cet auteur tire plusieurs conséquences.

La première est que, par rapport aux biens qu'ils prennent en vertu de la réduction ordonnée par l'édit, ils ne sont pas tenus des dettes de leur mère, contractées par elle, depuis la donation qu'elle a faite à son second mari. Il argumente par analogie de ce qui se passe dans le cas de douaire qui appartient aux enfants, sans qu'ils soient obligés de payer les dettes contractées par leurs père et mère depuis le mariage. « Les créanciers ajoute-t-il, ne peuvent pas « se plaindre, puisqu'ils n'avaient pas le droit « de révoquer cette donation de leur chef, pas « plus que celui de leur débitrice, et si les « enfants en obtiennent le retranchement, c'est « en vertu d'un droit particulier qui leur est « personnel. »

Il n'y a que les créanciers antérieurs à la donation qui auraient des hypothèques sur ces biens, ou en fraude desquels la donation aurait été faite, qui pourraient se plaindre. Les enfants n'ont rien non plus à craindre des créanciers hypothécaires du second mari. Il ne tient, en effet, les biens donnés que sous une condition résolutoire, et tous les droits qu'il consent sur ces biens sont nécessairement soumis à la même condition : son droit venant donc à être résolu, tous les droits établis par lui sur ces biens seront nécessairement résolus : *soluto jure dantis, solvitur jus accipientis.*

La seconde conséquence est que le bien retranché ne doit pas être imputé sur la légitime de l'enfant, qui a obtenu la réduction. La légitime, en effet, doit être composée des libéralités faites par l'époux au profit des enfants, ou de ce dont ils profitent dans la succession : or, ici l'enfant ne tient pas le bien de la libéralité de son père ou de sa mère, mais bien de la loi. On ne peut pas dire non plus qu'il le prend dans la succession de ses parents, puisque, avons-nous dit, il peut le prendre, suivant Ricard, même en renonçant à cette succession.

Comment opérer pour trouver la part de l'enfant, sur le pied de laquelle les avantages faits au second mari, devaient être réduits? C'était là une question des plus importantes de notre matière. Ces avantages devaient-ils être rapportés à la masse de la succession de la mère, se confondre avec elle, n'en former plus qu'une seule, dans laquelle les enfants viendraient prendre leur part; ou bien les enfants chercheront-ils leur part dans les biens seulement de leur mère, qui forment à son décès la masse de la succession, sans comprendre les donations faites à leur beau-père? On le voit, suivant que l'on prendra la première ou la seconde voie, la part du mari variera de beaucoup. Elle sera plus forte dans le premier cas et moindre dans le second.

Pothier (*Traité du contrat de mariage*, n° 575) et Ricard (3ᵉ partie, ch. IX, n° 1317) adoptent la deuxième manière d'opérer, comme plus conforme à l'intention de l'édit et des lois romaines. L'édit porte, en effet, que « la femme convolant en secondes noces ne peut donner à son second mari plus qu'à l'un de ses enfants...; » que « telles donations seraient réduites à la raison de celui qui en aura moins; » et la loi *Hac edictali* dit que *non plus vitrico re-*

linquere et conferre, quam filio vel filiæ. On le voit donc, la part du mari doit être la même que celle que prend l'enfant du chef de sa mère, soit dans sa succession, soit à raison des libéralités à lui faites par elle. Or, ces auteurs adoptent que ce qui provient à l'enfant par la voie du retranchement, il le tient directement de l'édit; dès lors tous les biens qui composent la donation faite au second mari, ne doivent pas servir à former les parts des enfants dont parlent l'édit et le texte romain.

Aussi, dit Ricard, lorsque tous les enfants sont donataires ou légataires de leur mère, et qu'ils ont renoncé à la succession, on opère la réduction de la donation faite par la mère à son second mari, sur le pied de la donation ou du legs de l'enfant le moins avantagé, sans songer, dans ce cas, à faire un rapport des avantages faits, tant au second mari qu'aux enfants, pour former les parts.

D'un autre côté, si on opérait ainsi que le veut Ricard, si l'on commençait par distraire et prélever les gains et avantages; si l'on faisait ensuite le partage du surplus entre les enfants, et si l'on réduisait l'époux donataire à une part égale à celle d'un enfant dans ce qui reste des biens après le prélèvement des avantages, il en résulterait évidemment que l'époux donataire aurait moins que l'enfant le moins prenant. Un exemple fera mieux comprendre notre idée. Prenons comme exemple l'espèce d'un arrêt du 15 juillet 1702, qui, dit-on, a jugé la question dans le sens de Ricard. Le sieur Defonteraine meurt, laissant deux filles, l'une du premier lit, l'autre du second, ses héritières instituées par égales portions. Par la liquidation de sa succession, elle se trouva réduite à 26,396 livres 9 sous, prélèvement fait de 35,000 livres pour l'augment et les bagues et joyaux de sa seconde femme. La fille du premier lit demanda le retranchement des avantages faits à la seconde femme, et comme elle ne recevait de son père que moitié de ce qui restait, c'est-à-dire 13,198 livres 4 sous 6 deniers, la seconde femme se trouvait avantagée plus qu'elle de la somme de 21,801 livres 15 sous 6 deniers. Elle prétendit que cet excédant devait lui être adjugé en entier, et que, par conséquent, elle devait avoir 35,000 livres et que sa belle-mère devait être réduite à 13,198 livres, 4 sous, 6 deniers.

La sentence du baillage de Nîmes, rendue le 3 septembre 1700, adopta ce parti, et fut confirmé par l'arrêt que nous avons cité plus haut.

Si donc, dans cette espèce, on procédait suivant le mode indiqué par Ricard, il en résulterait, avons-nous dit, que l'époux donataire aurait moins que l'enfant le moins prenant. En effet, la part de chaque enfant dans ce qui restait, après le prélèvement des avantages, n'était que 13,198 livres 4 sous 6 deniers; si l'on n'accorde que la même somme à la femme sur les 35,000 livres prélevés pour ses avantages, et qu'on partage les 21,801 livres 15 sous restants entre les deux enfants seuls, il en résultera que chacun des enfants aura 23,289 livres 1 sou 6 deniers, tandis que la femme n'aurait que 13,198 livres 4 sous 6 deniers. Elle n'aurait donc pas portion d'enfant.

Il faut cependant remarquer que, malgré l'avis contraire des deux plus grands jurisconsultes de l'ancien droit, la pratique penchait vers le système d'après lequel il faut faire une masse de tous les biens, tant de ce qui compose la donation que de ce qui se trouve dans la succession et des donations faites aux enfants et sujettes à rapport; sur cette masse ainsi composée, elle calculait la part qui devait revenir au mari et qui était égale à celle de l'un des enfants, lorsque l'un d'eux n'était pas plus avantagé que les autres.

Nous verrons bientôt que les rédacteurs du Code Napoléon se sont écartés, sur ce point, de l'opinion de Pothier. La législation actuelle a consacré le système de la pratique ancienne.

Le second mari doit-il être admis à partager la portion retranchée et à y prendre la même part que l'un des enfants? La glose sur le mot *dividi* de la loi *Hac edictali* paraît décider l'affirmative. Renusson (*Traité de la communauté*,

4e partie, ch. III, n° 3) est aussi de cet avis. L'édit, disent ces auteurs, permet à la femme d'avantager son nouveau mari autant que l'un de ses enfants, de sorte que, si la mère n'a pas fait des libéralités à ses enfants et qu'ils viennent par égales portions à la succession de la mère, le mari doit avoir aussi une part égale à la leur, en lui permettant de partager avec eux les biens laissés par la mère, et dans ses biens on comprendra tout ce qui provient de la réduction du surplus. En d'autres termes, l'intention du législateur, disent ces auteurs, est d'empêcher que le mari ait plus qu'un enfant, mais elle n'est pas qu'il ait moins. Or, si on défendait au second mari de concourir avec les enfants sur la portion retranchée, il arriverait qu'il aurait moins que l'enfant le moins prenant, car cet enfant a déjà, dans les biens qui se trouvent dans la succession de sa mère, autant qu'a le second mari dans ce qui lui reste de la donation réduite à cette part. Permettre à l'enfant de prendre une part dans la portion retranchée et retirer ce droit au mari, c'est donner à l'enfant, de plus qu'au mari, sa part dans les biens retranchés.

Ricard, (3e partie, chap. 9, n° 1320,) malgré ces raisons, décide que le mari ne doit pas être admis à concourir avec les enfants, sur la portion retranchée. Cette réduction n'est établie, en effet, que dans l'intérêt des enfants, et forme une peine contre le mari, qui ne s'est pas conformé aux dispositions de l'édit. Le paragraphe 3 de la loi *Hac edictali* est formel en ce sens : *Id quod plus relictum vel donatum aut datum fuerit, tanquam non scriptum neque derelictum vel donatum aut datum sit, ad personas deferri liberorum et inter eos dividi jubemus.* Cette règle est encore plus explicitement formulée par la Novelle XXII, chap. 27 : *Quod plus est in eo quod relictum aut datum est omnino aut novercæ aut vitrico, ac si neque scriptum neque relictum aut datum, vel donatum, competit filiis, et intra eos* SOLOS *ex æquo dividitur, ut oportet.*

SECTION V.

Des donations de part d'enfant.

Au lieu d'une donation d'une quote-part déterminée, il peut se faire que l'époux qui convole en secondes noces, donne à son nouveau conjoint, en termes généraux, une part d'enfant. Ces sortes de donations ne peuvent être considérées comme des institutions contractuelles. Le second époux, en effet, n'est pas héritier de cette part, il n'en est que le donataire ; dès lors, il ne sera pas tenu *ultra vires* des dettes de la succession proportionnelles à cette part; il n'en sera tenu que jusqu'à concurrence de la part qu'il prend, et pourra s'en décharger en faisant l'abandon de cette part.

Tel était l'avis de Pothier et celui de l'ancienne jurisprudence. Mais, il faut remarquer que Pothier suppose que l'institution contractuelle fait un véritable héritier, qui par conséquent est tenu des dettes *ultra vires*.

On peut douter de ce résultat sous l'empire du Code Napoléon, qui se garde bien d'employer l'expression d'*institution contractuelle*, d'*héritier institué*. Il ne parle que de donation de biens à tenir et de *donataire*.

Tout en ne considérant pas les donations d'une part d'enfant comme des institutions contractuelles, il faut cependant reconnaître qu'elles s'en rapprochent à certains égards : ainsi elles deviennent caduques par le prédécès du donataire. (Renusson, *Traité de la communauté*, partie IV, chap. 3, n° 72).

En effet, une donation de la part d'enfant, dans la succession du donateur, ne peut commencer à exister qu'autant qu'il y a une succession, c'est-à-dire qu'autant que le donataire est mort; jusque-là, le donateur n'a qu'un droit en germe, il ne peut avoir de droit formé à une chose qui n'existe pas encore. La donation étant faite à la personne même du donataire, le droit qui résulte d'une donation ne peut se former qu'en sa personne; par conséquent, s'il meurt avant la formation de ce droit, il ne pourra le transmettre à ses héritiers pour deux raisons : la première, c'est que ce droit n'a pas pu se former; la seconde, c'est que ses héritiers ne sont pas les personnes à qui la donation a été faite.

Nous voyons par là que ces sortes de donations diffèrent de la donation d'un corps certain en ce que, dans ce dernier cas, le second époux acquiert immédiatement, par l'acte de donation, la propriété du corps certain, et en cas de prédécès, il la transmet à ses héritiers. Nous en dirons autant de la donation d'une somme déterminée. Dans ce cas encore, l'époux donataire devient propriétaire de la créance donnée, et ses héritiers la recueilleront encore dans sa succession.

Il était de règle dans l'ancien droit, et le Code Napoléon répète la même règle dans l'art. 1082-2°, que, dans les institutions contractuelles faites par contrat de mariage, on substituait vulgairement à l'institué, pour le cas où il prédécéderait, les enfants à naître du mariage. La même règle était suivi dans notre matière. Renusson nous apprend (*Traité de la communauté* 1e partie, chap. 3, n° 73) que, dans une donation de part d'enfant faite par contrat de mariage au second époux, on considérait les enfants à naître du mariage comme vulgairement substitués au donataire, pour le cas où il prédécéderait. Il parait cependant que cette opinion souffrait quelques difficultés, et Pothier (*Traité du contrat de mariage*

7e partie, chap. 2, n° 596) nous dit que pour éviter tout doute, il est plus prudent d'exprimer cette substitution dans le contrat de mariage.

Le donataire d'une part d'enfant prendra cette part dans tous les biens de la succession de l'époux donateur. Nous verrons cependant le second chef de l'édit mentionner certains biens dans lesquels l'époux donateur ne peut prendre aucune part.

La détermination de la part que doit prendre l'époux donataire sera facile, lorsque l'époux donateur aura laissé des enfants à son décès. Mais comment déterminer cette part lorsque tous les enfants seront prédécédés? Nous avons déjà vu que Ricard (3e partie, ch. 9, n° 1281) décidait qu'en ce cas par le mot *part* on devait entendre la moitié de tous les biens. *Partis appellatio, non adjecta quota, dimidia intelligitur* (L. 164, § 1er, D., *De verb. signif.*).

Il nous reste à traiter une dernière question sur le partage entre les enfants et le second époux donataire d'une part d'enfant. Un exemple fera mieux comprendre la difficulté.

Une femme laisse à son décès deux enfants et son mari donataire d'une part d'enfant. La succession de cette femme, toutes dettes payées, est de 60,000 fr. Postérieurement à la donation d'une part d'enfant faite à son mari, elle a fait à l'un de ses enfants une donation de 15,000 fr. Suffira-t-il pour acquitter la donation faite au mari, de lui donner le tiers seulement des biens laissés par la femme à son décès, ou bien le mari pourra-t-il prétendre à sa part dans les 15,000 fr. donnés par sa femme à l'enfant et que celui-ci est obligé de rapporter? Il semblerait que la question dût être résolue négativement. Le mari, en effet, donataire étranger, ne peut profiter du rapport qui n'est établi qu'en faveur des cohéritiers, et qui n'est dû que par un héritier à son cohéritier.

Cependant Pothier (*Traité du contrat de mariage*, 7e partie, chap. 2, n° 603) décide le contraire, et cela, croyons-nous, avec raison.

Il se fonde sur ce que la donation faite au second époux est irrévocable; dès lors cette irrévocabilité ne serait qu'apparente si on permettait à la femme de faire à un de ses enfants, postérieurement à la donation faite à son mari, une donation dans laquelle le mari ne pourrait venir prendre sa part. Elle pourrait ainsi diminuer à son gré indéfiniment la part du mari; l'irrévocabilité de la donation ne serait qu'illusoire : il faut donc, pour remédier à cet inconvénient, permettre au mari de profiter du rapport fait par l'enfant donataire, et lui donner la part qu'il aurait eue, si la donation n'eût pas été faite.

SECTION VI.

De l'action qu'ont les enfants pour demander le retranchement.

La femme ayant à son décès des enfants d'un premier mariage, transfère à son second mari la propriété de tous les biens compris dans la donation; mais elle ne peut les transférer que déduction faite de la part excédant la limite fixée par l'édit. Pour ces sortes de donations, le mari, en recevant cette donation, s'oblige de rendre aux enfants cet excédant, s'il y en a, lors du décès du donateur. Cette obligation naît de la loi, et les enfants ont de par la loi, une action pour se faire rendre cet excédant.

Dans l'ancien droit, on donnait à cette action le nom de *conductio ex lege*. Elle était réelle, c'est-à-dire qu'elle pouvait être intentée tant contre l'époux donataire, que contre le tiers détenteur, si l'époux donataire avait aliéné les biens compris dans la donation.

L'époux donataire n'avait, en effet, acquis la propriété de ces biens, que sous la charge du retranchement ordonné par l'édit. Dès lors, par l'application de la règle : *Nemo plus juris in alium tranferre potest, quam ipse habet* (L. 34, D., *De reg. jur.*), l'époux donataire n'a pu transférer les biens compris dans la donation que grevés de la charge qui pesait sur lui, c'est-à-dire, la charge du retranchement. Par conséquent, les acquéreurs de ces biens seront tenus de l'action qu'ont les enfants pour l'exécution de cette charge. Nous ferons remarquer que cette action des enfants ne peut pas être plus favorable que l'action en réduction pour les réserves, et qu'il faudrait appliquer par analogie l'article 930 du Code Napoléon, qui limite davantage l'exercice de l'action contre le tiers détenteur, puisqu'il exige discussion préalable des biens personnels du donataire. Nous croyons aussi qu'on devra appliquer la fin du même article, qui veut que cette action soit exercée suivant l'ordre des dates des aliénations, en commençant par la plus récente. — Cette action au profit des enfants, naît par la mort de l'époux donateur, et pour juger s'il y a lieu de l'intenter, en d'autres termes s'il y a lieu à faire le retranchement ordonné par l'édit, il faut, dit Pothier (*Traité du contrat de mariage*, n° 575), liquider la succession de l'époux donateur, faire une estimation de tous les biens dont elle est composée, et fixer la somme qui constitue la part d'un enfant le moins prenant, part qui doit servir de type à celle de l'époux donataire. Nous avons déjà dit que ce n'est pas ce système qu'avait suivi la pratique, et cela avec raison, suivant nous.

Cette estimation doit se faire en présence du mari, car il a grand intérêt à ce que les biens de la succession soient estimés à leur juste valeur, puisqu'une fausse estimation de la part de l'enfant le moins prenant diminuera d'autant sa propre part. On estimera en second lieu les biens composant la donation faite au mari, pour savoir si elle excède la part de l'enfant le moins prenant.

Pour faire ces estimations, il faudra se placer au moment de l'ouverture de la succession, pourvu toutefois que les détériorations ne puissent pas être imputées au donataire. Ainsi, par exemple, si la femme avait donné à son second mari un fonds de terre, et qu'une inondation en eût enlevé une partie, ce qui diminuera de beaucoup sa valeur, il ne faudra pas en faire l'estimation eu égard à ce qu'il valait au moment de la donation, mais eu égard à ce qu'il vaut au moment du décès de la femme. C'est ce que dit aussi l'art. 922 du Code Napoléon : « D'après leur état, à l'époque de la do-« nation et leur valeur, au temps du décès du « donateur. »

Le but de l'édit est, en effet, de réparer au moins une partie du préjudice causé aux enfants du premier lit, par la donation faite par leur auteur à son nouvel époux. Or, le préjudice, dans notre exemple, consiste en ce que l'immeuble donné au second mari par la mère, ne se trouve plus dans sa succession. La valeur de ce préjudice consiste donc dans la valeur de cet immeuble au temps de la succession, et non dans la valeur qu'il avait au temps de la donation. Ainsi, supposons que l'immeuble valût 10,000 fr. au moment de la donation; que, par le fait de l'inondation, il ne vaille plus, au moment de la succession, que 6,000 fr.; il est évident que la donation n'a pas causé aux enfants un préjudice de la totalité de la valeur de l'immeuble, mais bien un préjudice de 6,000 fr. seulement. En effet, si la donation n'avait pas eu lieu, l'inondation ne serait pas moins arrivée, et la valeur de l'immeuble n'en aurait pas moins été réduite à la valeur de 6,000 fr. En définitive, la succession ne se trouve privée que de 6,000 fr.

Il faudrait procéder autrement, si la dégradation de l'immeuble était imputable au donataire. Il faudrait estimer cet immeuble eu égard à ce qu'il vaudrait, si la dégradation n'avait pas été faite, et non plus, comme tout à l'heure, eu égard à l'état de dégradation, au moment de l'ouverture de la succession : ainsi, en reprenant l'exemple précédent, si l'immeuble eût valu 10,000 fr. sans les dégradations, à l'ouverture de la succession, et qu'il ne vaille plus que 6,000 fr. à ce même moment par le fait des dégradations commises par le donataire, cet immeuble devra être évalué à 10,000 fr., et non plus à 6,000 fr. On doit en effet présumer que si cet immeuble n'était pas sorti des mains de l'époux donateur par le fait de la donation, il l'aurait conservé en bon état, et que les dégradations n'auraient pas eu lieu. Dès lors, la valeur actuelle de l'immeuble au moment de la succession, serait encore ce qu'elle était au moment de la donation, c'est-à-dire 10,000 fr.

Réciproquement, si l'immeuble a augmenté de valeur au moment de la succession, c'est eu égard à cette valeur qu'il faudra l'estimer. En effet, que la donation n'eût pas eu lieu, l'augmentation n'en serait pas moins arrivée si le bien qui a ainsi augmenté de valeur, postérieurement à la donation, n'avait pas été donné, et se trouverait aujourd'hui dans la succession avec sa valeur actuelle : c'est donc jusqu'à concurrence de cette dernière valeur que les enfants souffrent un préjudice.

Lorsque l'immeuble a augmenté de valeur à la suite d'impenses utiles faites par le donataire, il ne faudra, dans l'estimation, tenir compte de la valeur de cet immeuble que jusqu'à concurrence de ce qu'il valait avant que ces impenses eussent été faites. Si, en effet, l'immeuble n'avait pas été donné, les impenses utiles n'eussent pas été faites; sa valeur n'aurait pas augmenté; il se retrouverait dans la succession avec sa valeur primitive. La donation ne fait donc de préjudice aux enfants que de cette valeur.

S'il s'agit d'impenses nécessaires, l'immeuble ne devra être estimé que déduction faite de ces impenses. En effet, si la donation n'avait pas été faite, l'époux donateur eût été obligé de les faire, et la somme qu'il y aurait employée, se trouverait dans sa succession.

Les principes que nous venons d'exposer, s'appliquent tant au cas où le bien donné se retrouve, au moment de l'ouverture de la succession du donateur, entre les mains de l'époux donataire, qu'au cas où il l'aurait aliéné ; et, dans ce dernier cas, on n'aura pas égard au prix de la vente, mais à la valeur réelle de ce bien, au moment de l'ouverture de la succession. Dans les deux cas, en effet, que le donataire ait aliéné le bien ou qu'il se retrouve encore entre ses mains, le préjudice causé aux enfants est toujours de la valeur actuelle du bien, qui se serait trouvé dans la succession du donateur et qui ne s'y trouve plus par le fait de la donation. Il faut cependant, faire une petite exception à notre dernière règle : ce que nous avons dit plus haut relativement à la vente s'applique à la vente volontaire, et cela sans exception. Mais, si le donataire a fait du bien donné une vente forcée, que l'époux donateur eût été pareillement obligé de subir ; s'il s'agissait, par exemple, d'une vente pour cause d'utilité publique, ou que le bien donné eût été grevé d'un pacte de rachat et que le retrayant eût exercé son retrait, les règles que nous avons données plus haut devront nécessairement être modifiées. On n'estimera plus le bien; on ne comprendra dans l'estimation que le prix de la vente, ou la créance née au profit du donataire, si le prix n'a pas été payé.

Ce que nous venons de dire des donations d'immeubles, s'applique également aux donations de rentes. De même que les immeubles, celles-ci doivent s'estimer eu égard à leur valeur au moment du décès du donateur, plutôt qu'eu égard à la valeur qu'elles avaient au moment de la donation. Ainsi, si la rente, à raison de l'insolvabilité du débiteur, suspecte au moment de la donation, était moindre que son capital, et que plus tard la fortune de ce débiteur vint à s'affermir, la rente se trouve d'une valeur égale à son capital, il faudra l'estimer suivant cette valeur.

A l'inverse, si la rente, au moment de la donation, était de la valeur de son capital, et que plus tard elle n'eût qu'une valeur moindre que son capital, par un revers de fortune arrivé à son débiteur, elle ne sera estimée qu'eu égard à sa valeur au moment de l'ouverture de la succession. Il faut toutefois pour cela, que cette diminution ait été fortuite et qu'on ne puisse en aucune façon l'imputer au donataire, qu'il n'y ait pas faute ou négligence de sa part : s'il a, par exemple, laissé perdre des hypothèques, ou s'il a négligé d'interrompre la prescription.

Si la rente a été remboursée, on comprendra dans l'estimation de la donation le prix du rachat touché par le donataire, et si celui-ci, sans qu'il y ait de sa faute, n'a pu venir en ordre utile que pour une partie du capital, il ne devra compte que de la somme qu'il a reçue. Les choses, en effet, n'eussent aucunement changé si la donation n'avait pas été faite.

Le second conjoint, qui a reçu de son époux une donation de rente, dépassant la quotité disponible fixée par l'édit à son égard, n'est soumis à la réduction que pour le capital de la rente, et non pour les arrérages, qui doivent lui appartenir définitivement; dès lors, si l'époux donataire était créancier du capital de la rente et d'arrérages échus depuis la donation, ce qu'il a reçu à l'ordre, doit se répartir proportionnellement, sur le capital et sur les arrérages. Si, par exemple, il était créancier d'un capital de rente de 10,000 fr., que les arrérages échus se montassent à 5,000 fr., et qu'à l'ordre il n'eût reçu que 7,500 fr. au lieu de 15,000 fr. qui lui étaient dus, tant pour le capital que pour les arrérages, on devra imputer proportionnellement la somme reçue, tant sur le capital que sur les arrérages. On dira donc, dans ce cas, qu'il a reçu la moitié du capital et la moitié des arrérages, c'est-à-dire

5,000 fr. pour le capital et 2,500 fr. pour les arrérages, par application du principe, qui veut que la réduction de l'édit ne porte pas sur les arrérages, mais seulement sur le capital. Dès lors, on ne comprendra dans l'estimation de la donation que les 5,000 fr. qu'il a reçus comme représentation du capital, et il gardera en propre les 2,500 fr.

Nous avons vu que c'est au moment du décès du donateur qu'il faut se placer pour juger s'il y a lieu à la réduction, et que c'est à ce moment qu'il faut estimer la valeur du bien donné. Peu importait, avons-nous dit, la valeur du bien au moment de la donation. Nous ajouterons qu'il n'importe pas non plus que, par quelque accident survenu depuis la mort du donateur, il ait augmenté ou diminué de valeur. Par exemple : si le bien, lors du décès de l'époux donateur, était d'une valeur de 20,000 fr., et la part de l'enfant le moins prenant de 15,000 fr., quoique, par une inondation survenue postérieurement au décès du donateur, il ne soit plus que d'une valeur de 10,000 fr., qui est inférieure à celle de la portion de l'enfant, cependant on doit considérer la valeur de 20,000 fr., qu'il avait au moment du décès du donateur, valeur d'un quart plus forte que la part d'enfant, et, en conséquence, les enfants auront droit de demander le retranchement à leur profit, du quart de ce bien. Le droit de demander ce retranchement leur est acquis et est irrévocablement fixé à leur profit, lors de la mort du donateur. Remarquons toutefois, que, tout en demandant et obtenant le quart du retranchement, l'accident survenu à l'immeuble leur causera une perte. En effet, si l'accident ne fût pas arrivé, ce quart eût été de 5,000 fr., tandis qu'il ne sera plus que de 2,500 fr. Ils supportent donc leur part de perte.

Les fruits des immeubles, compris dans la donation et perçus par le donataire, depuis le jour du décès de l'époux donateur, appartiennent aux enfants, pour la portion de ces biens qui doit être retranchée à leur profit. Cette règle est restreinte aujourd'hui par l'article 928 du Code Napoléon. Il nous dit en effet, que « le donataire restituera les frais de ce qui « excédera la portion disponible, à compter du « jour du décès du donateur, si la demande en « réduction a été faite dans l'année; sinon, du « jour de la demande. »

Toutes les règles que nous venons de passer en revue relativement à l'estimation des biens compris dans la donation, ne s'appliquent qu'autant qu'il s'agit d'immeubles. Lorsque la donation consiste en biens meubles, si la somme à laquelle montait, au moment de la donation, le prix des effets donnés au moment de l'ouverture de la succession, se trouve excéder la valeur de la part de l'enfant le moins prenant, les enfants n'ont qu'une créance contre l'époux donataire, pour la restitution de cet excédant. L'ancien droit (Pothier, *Traité du contrat de mariage*, 7ᵉ partie, chap. 2, n° 589) garantissait cette créance par un hypothèque sur les biens du mari du jour de la donation. Il nous semble, quant à nous, que la généralité des termes de l'art. 2121 du Code Napoléon nous permet d'y appliquer l'hypothèque légale. Cet article en effet s'exprime ainsi : « Les droits et créances auxquels « l'hypothèque légale est attribuée sont : ceux « des femmes mariées sur les biens de leurs « maris. » Or, peut-on dire, il s'agit ici d'un droit de créances dépendant de la succession de la femme contre son mari.

Les enfants n'ont pas d'action contre le tiers détenteur, relativement aux meubles compris dans la donation et aliénés par le donataire. L'ancien droit (Pothier, ibid). leur accordait cependant un privilége sur les meubles restés en nature au second mari, pour la créance de la somme d'argent qu'il leur doit. Sous l'empire du Code, rien ne peut nous autoriser à leur accorder quelque chose d'analogue.

CHAPITRE II.

DU SECOND CHEF DE L'ÉDIT.

Cette seconde partie de l'édit n'a pour nous qu'un intérêt purement historique. Il ne s'occupe en effet que de l'origine des biens; or, le Code Napoléon ne s'occupant pas de l'origine des biens pour en régler la distribution, ce second chef est inapplicable à la législation actuelle. Nous n'en dirons donc que quelques mots pour compléter l'étude de notre matière, au moins au point de vue historique.

Voici comment s'exprime ce second chef de l'édit :

« Au regard des biens à icelles veuves acquis « par *dons* et libéralités de leurs défunts maris, « icelles n'en peuvent et ne pourront faire part « à leur nouveau mari; ains elles seront tenues « les réserver aux enfants communs d'entre « elles et leurs maris, de la libéralité desquels « iceux biens leur seront advenus : le semblable « voulons être gardé ès biens qui sont venus aux « maris par dons et libéralités de leurs défuntes « femmes, tellement qu'ils n'en pourront faire « don à leur seconde femme; mais seront tenus « de les réserver aux enfants qu'ils auront eus « de leur première. »

Cette disposition de l'édit n'est que la reproduction de la loi 3, C., *De sec. nupt.*, qui contient, à peu près en termes identiques, la disposition de ce second chef.

Nous avons vu, en traitant du droit romain, que la loi 5 du même titre, au Code, étendait aux hommes convolant en secondes noces, ce que la loi 3 avait décidé à l'égard des femmes.

Mentionnons encore pour mémoire que, suivant quelques coutumes, l'époux convolant en secondes noces pouvait choisir un de ses enfants du premier lit auquel il laisserait le bien mentionné dans ces lois. Ce n'est que le droit postérieur des Novelles (Nov. II, chap. 1er, et Nov. XXII, chap. 25) qui a enlevé à l'époux remarié, la faculté de choisir parmi les enfants du premier lit, celui auquel il voulait les laisser.

SECTION Ire.

Des biens qui tombent sous l'application du second chef de l'édit.

Les anciens auteurs, se fondant sur la généralité des termes de l'édit, *dons et libéralités*, appliquaient ces dispositions, non-seulement à la donation formelle et directe, faite au second époux par son conjoint, mais encore à tout avantage à titre gratuit, direct ou indirect, résultant des conventions matrimoniales de son précédent mariage.

Une première question, controversée dans l'ancien droit, était celle de savoir si on devait faire tomber sous l'application de ce second chef de l'édit, la part des conquêts que la femme a prise dans la première communauté. Pour l'affirmative, on disait que les conquêts sont faits par le mari; qu'il en est maître, puisqu'il peut les aliéner et en disposer à son gré, et, en cas de renonciation de la femme ou de ses héritiers à la communauté, ils appartiennent de plein droit au mari ou à ses héritiers, sans que l'on puisse dire qu'ils ont rien pris à la femme. On argumentait encore de l'art. 279 de la coutume de Paris, qui déclarait les conquêts de la première communauté compris dans le second chef de l'édit. Cet article, en effet, défend formellement à l'époux convolant à de secondes noces, d'en disposer au profit du nouveau conjoint; cependant Ricard (*Traité des donations entre-vifs*, 3ᵉ partie, chap. 9, n° 1330) était d'un avis contraire. Il se fondait sur ce que les conquêts appartiennent à la femme de par la coutume, et non par les libéralités du mari.

Celui-ci, en effet, ne peut pas l'empêcher d'y venir prendre sa part; or, pour qu'il y ait libéralité, il faut que le donateur ait la faculté de pouvoir retenir ce qu'il donne : *Donari videtur quod, nullo cogente, conceditur*, dit la loi 82, D., *De reg. jur.*

C'est cette dernière opinion qui était la plus généralement adoptée par l'ancien droit (Chopin, *Commentaire sur la coutume de Paris*, l. II, tit. III, n° 7).

Il y avait, dans certaines coutumes particulières aux Pays-Bas, un droit de dévolution qui voulait, que les biens que le père ou la mère possédaient au jour du second mariage, fussent dévolus aux enfants du premier lit. Ajoutons même, que ce fut là un des griefs que la France articulait contre l'Espagne, dans une des guerres qu'elle eut avec elle.

Nous avons vu, en traitant du premier chef, que les biens donnés par le mari à sa seconde femme à titre de douaire, devaient être soumis à la réduction du premier chef de l'édit, jusqu'à concurrence seulement de ce dont ils excéderaient un douaire coutumier.

Arrivant à traiter du second chef, Ricard (*Traité des donations entre-vifs*, chap. 9, n° 1343), et Pothier (*Traité du contrat de mariage*, 7e partie, chap. 2, n° 606), décident que les biens donnés à la femme à titre de douaire, tomberont sous l'application du second chef de l'édit, et devront être réservés pour le tout, aux enfants du premier lit. En effet, disent ces auteurs, le douaire accordé par la loi aux femmes, ne consiste qu'en usufruit; or, ici, la propriété même des biens étant transférée à la femme par le douaire, c'est bien le mari, et non plus la loi, qui lui fait cet avantage.

Le préciput conventionnel, accordé à la femme par le contrat de son premier mariage, est aussi un avantage tombant sous l'application du second chef de l'édit pour la moitié, si elle accepte la communauté. Si le préciput lui est accordé, même pour le cas où elle renoncerait à la communauté, ce préciput est une véritable libéralité, et, comme tel, soumis à l'application du second chef pour la totalité.

Il en était autrement du préciput légal que certaines coutumes accordaient aux veuves.

Lorsque, dans une communauté, le mari a apporté plus que la femme et que celle-ci a accepté la communauté, il y a là, disaient Pothier (*Traité du contrat de mariage*, 7e partie, chap. 2, n° 608) et Ricard (*Traité des donations entre-vifs*, 3e partie, chap. 9, n° 1347), un avantage sujet au second chef de l'édit pour la moitié de ce que le mari a apporté de plus que la femme. C'était là il faut l'avouer, une bien grande extension donnée à la seconde partie de l'édit.

Nous avons vu sous la loi 3, § 1, C., *De sec. nupt.* que les biens qu'une femme remariée prenait dans la succession d'un enfant du premier mariage, ne lui appartenaient qu'en usufruit. La nue propriété de ces biens devait être réservée aux autres enfants du premier mariage. Par une loi du tit. *Ad. S.-C. Tertullianum*, Théodose le Jeune et Valentinien II avaient limité cette règle aux biens que les enfants, auxquels la mère avaient succédé, tenaient de leur père. Justinien dans la Novelle II, chap. 3, abolit ce droit, mais il le rétablit par sa Novelle XXII, chap. 46, avec cette restriction toutefois que la mère eût succédé *ab intestat*. L'ancien droit ne reproduit pas cette règle, quoique la femme, en définitive, tint ces biens du mari, par l'intermédiaire de l'enfant décédé. On appliquait l'édit au cas où elle tenait les biens du mari, sans intermédiaire.

C'est dans ce sens que cette question a été jugée par un arrêt du 7 septembre 1603.

Les avantages faits au mari ou à la femme par contrat de mariage, par un autre que l'époux, ne sont pas sujets à réduction, car les termes de l'édit ne comprennent que ce qui a été donné aux veuves par *leurs défunts maris*.

Le second chef de l'édit impose à la femme la charge de réserver en faveur des enfants du premier lit, les biens compris dans la donation faite par son premier mari. C'est là une véritable substitution en faveur des enfants issus de ce mariage. La loi présume, en effet, que si le premier mari eût prévu le convol de sa femme à de secondes noces, il aurait expressément ajouté cette clause à la donation.

Il était admis que si le mari, par une clause expresse de la donation, fesait remise à sa femme des peines portées par l'édit, et qu'il lui eût ainsi permis d'aliéner les biens compris dans la donation, cette clause était nulle.

Denisart (vº Noces, nº 26) cite un arrêt rendu en ce sens, le 17 août 1725.

Il y a donc là une substitution tacite, qui sauvegarde les intérêts des enfants du premier lit.

La femme est tenue de *réserver* les biens donnés par son mari, aux enfants du premier mariage. Elle est donc, jusqu'au moment de sa mort, pleine propriétaire de ces biens, et le droit au profit des enfants, ne s'ouvre que par sa mort. Dès lors, ceux d'entre les enfants du premier lit qui sont morts avant elle, n'ont pu avoir aucun droit à céder, et par conséquent, rien transmettre dans leur succession.

Lorsqu'à l'ouverture de leurs droits les enfants recueillent ces biens, ils se trouvent censés les tenir directement de leur père et non de leur mère, C'est l'application du principe que les appelés tiennent *a gravante, non a gravato.*

De ce principe découlent plusieurs conséquences.

1° Les biens que les enfants recueillent à titre de substitution, ne s'imputent pas sur la légitime, qui leur est due dans les biens de leur mère.

2° La femme remariée ne peut aliéner ni hypothéquer les immeubles compris dans la donation, qu'à la charge de la substitution légale : par conséquent, à sa mort, ses enfants peuvent revendiquer les immeubles aliénés, entre les mains des tiers détenteurs.

Il faut cependant distinguer entre l'aliénation gratuite et l'aliénation à titre onéreux, faite par la mère.

Dans le premier cas, les enfants du premier mariage peuvent revendiquer entre les mains des tiers détenteurs, les biens ainsi aliénés, soit qu'ils acceptent la succession de leur mère, soit qu'ils y renoncent. La donation en effet n'oblige pas le donateur, ni par conséquent ses héritiers, à la garantie de la chose donnée ; dès lors, cette aliénation gratuite faite par la mère, ne peut empêcher les enfants d'user d'un droit qu'ils avaient de leur chef.

Dans le second cas, au contraire, c'est-à-dire lorsque l'aliénation a été faite à titre onéreux, cette aliénation soumettant la femme à l'obligation de garantie, ses enfants ne peuvent faire invalider l'aliénation pour le tout, qu'autant qu'ils auraient renoncé à la succession de leur mère.

Si, au contraire, ils ont accepté cette succession, ils seront obligés de respecter l'aliénation, pour la part pour laquelle ils sont héritiers de leur mère : pour cette part, en effet, ils sont tenus en vertu de leur titre d'héritiers, de la garantie de la part qui était due à l'acquéreur par l'un d'eux.

S'ils s'avisaient de revendiquer les biens aliénés pour le tout, l'acquéreur leur opposerait la maxime : *Quem de evictione tenet actio, eum agentem repellit exceptio.*

Il est vrai que l'ordonnance sur les substitutions (part. II, art. 31) permet aux appelés, quoiqu'ils aient accepté la succession du grevé qui a aliéné des biens compris dans la substitution, de revendiquer les biens ainsi aliénés, à la charge par eux, de rembourser à l'acquéreur, les prix et loyaux coûts, mais cette règle n'était appliquée qu'aux véritables substitutions, et n'était pas étendue à des substitutions fictives et légales.

On comprend, du reste, jusqu'à un certain point, la raison de distinguer, car les substitutions dont parle l'ordonnance, étaient soumises à l'insinuation, et cette publicité faisait présumer que les acquéreurs devaient les connaître, et que, dès lors, ils ont voulu courir le risque de se voir évincés, dans le cas où la substitution s'ouvrirait; tandis qu'au contraire, lorsqu'il s'agit de substitution du genre de celle dont nous nous occupons, les tiers acquéreurs des biens grevés d'une substitution tacite ne sont pas tenus de savoir quels sont les biens compris dans la donation faite à la femme, qu'elle est obligée de réserver aux enfants du premier lit et quels sont ceux qu'elle peut valablement aliéner.

3° Lorsque la donation comprend une somme d'argent ou des meubles, la femme donataire, qui contracte un second mariage, est obligée de réserver aux enfants du premier lit, une somme égale à celle qu'elle a reçue, ou la valeur des meubles donnés, d'après leur estimation à l'époque de la donation. Cette créance des enfants du premier lit contre leur mère remariée, est garantie par une hypothèque sur ces biens, et ayant date du jour de l'acte de donation.

Par cet acte, en effet, elle s'est obligée à restituer les biens donnés, pour le cas où elle contracterait un second mariage.

4° La substitution résultant de ce second chef de l'édit, est faite au profit de tous les enfants du premier mariage, indistinctement; dès lors, à la différence de ce qui se passait en droit romain, où l'époux donataire remarié pouvait choisir un des enfants du premier mariage, auquel il restituait les biens provenus de la donation faite par l'époux décédé, dans l'ancien droit français, l'époux donataire remarié ne pouvait après sa mort, avantager un de ses enfants du premier lit plus que les autres. Ces enfants, en effet, comme nous l'avons dit, tiennent directement ces biens de l'époux donateur.

5° De ce que les enfants du premier lit tiennent les biens ainsi donnés directement du père, il s'en suit que, lorsqu'ils les ont recueillis à la mort de leur mère, ces biens forment des propres paternels. C'est ce que nous apprend Dumoulin sur l'art. 147 de la coutume de Paris, n° 6.

Lorsqu'à la mort de la femme donataire remariée, sa succession ne se compose que des biens donnés par son premier mari, qu'elle était obligée de réserver aux enfants du premier mariage, les enfants du second lit ne peuvent même pas prétendre prendre leur légitime sur ces biens. En effet, la femme s'étant obligée par l'acte même de donation, de restituer ces biens aux enfants du premier lit, cette charge est une véritable dette de la succession : or, la légitime ne se prend que sur ce qui reste de la succession, après l'acquittement des dettes ; s'il ne reste rien, les légitimaires n'auront rien pour leur légitime. C'est ce qui arrive ici.

De même que les enfants seuls du premier mariage ont droit aux biens donnés à leur mère remariée par son premier mari, les enfants du second lit peuvent seuls prétendre aux biens donnés par le second mari à la femme qui a passé à de troisièmes noces. Mais ils ne peuvent exclure de ces biens les enfants du premier lit, lorsque leur mère est restée fidèle à la mémoire de son second mari. La mère, en effet, n'était obligée de restituer aux enfants du second lit les biens donnés par le second mari, qu'autant qu'elle convolerait en de troisièmes noces. Or, le troisième mariage n'ayant pas eu lieu, elle laisse ces biens dans sa succession au même titre que tous ses autres biens, et tous ses enfants, tant du premier que du second lit, peuvent y prétendre.

DROIT FRANÇAIS ACTUEL.

CODE NAPOLÉON.

Les législateurs modernes ne se montrent pas généralement favorables aux seconds mariages. Ils suivent en cela, il faut le dire, le sentiment public. Or, il est bien peu de cas où un second mariage s'accomplisse, sans qu'une sorte de réprobation atteigne l'époux infidèle à la mémoire du mort.

Sans doute, des nécessités de position exigent parfois qu'un veuf se remarie; alors on l'excuse, mais on ne le loue jamais. Et quand des enfants d'un premier lit existent, presque toutes les voix s'élèvent pour les plaindre. C'est que, en effet, on peut présager qu'ils ne retrouvent pas une mère dans la nouvelle compagne que leur père se donne. Ils auront bien plutôt en elle un directeur sévère, impatient, peut-être un ennemi. Si, comme la première, la présente union est féconde, du moment que des enfants seront nés du second mariage, on est à peu près certain que le beau-père ou la marâtre, d'indifférents qu'ils étaient, seront malveillants et agressifs. Les orphelins à leurs yeux, sont des parasites, vivant actuellement sur le bien-être des enfants aimés, et qui, un jour, les dépouilleront de ce *qui leur reviendrait si justement.*

Ce n'est qu'à l'aide des combinaisons les plus prévoyantes de l'amour paternel qu'un homme, en se remariant, échapperait au blâme. Il faudrait que non-seulement chacun reconnût bien qu'il lui est absolument impossible de vivre seul, de tenir seul, sans l'aide d'une femme, une maison de commerce d'un certain ordre, mais encore qu'il a soin de s'unir à une personne attachée de date aux enfants du premier lit, et trop âgée pour leur donner des frères utérins.

Quant à la femme veuve ayant des enfants, je ne sais s'il est une hypothèse, où son convol à de secondes noces n'encourrait pas de réprobation. C'est que de par la loi même, elle est dans un état de subordination à l'égard de son mari, et que l'influence, l'autorité, la pression même de son second époux dominera souvent ses meilleures résolutions en faveur des enfants du premier lit.

Les seconds mariages ne sont donc pas encouragés; ils sont tolérés, c'est tout ce qu'on peut dire. Ils sont, pour les femmes surtout, la cause même de certaines déchéances, et s'il est un cas où la femme remariée semble acquérir une faculté (art. 1515) qu'elle n'a pas généralement, c'est uniquement parce que l'exercice de cette faculté est toute dans l'intérêt des enfants du premier lit.

Dans le cours du travail que nous allons entreprendre sur le droit français actuel, nous trouverons des souvenirs nombreux du droit romain du Bas-Empire et de notre ancienne jurisprudence française.

Comme en droit romain, comme sous l'ancienne jurisprudence, l'homme qui a perdu sa femme, peut immédiatement contracter un nouveau mariage. Il en aurait été à plus forte raison de même encore, si c'eût été le divorce qui eût dissous le mariage, à une époque où le divorce existait, à moins cependant que le divorce ait eu lieu par consentement mutuel (art. 297), auquel cas le mari, aussi bien que la femme, ne pouvaient contracter un nouveau mariage que trois ans après la prononciation du divorce. Le législateur l'avait ainsi décidé pour ôter aux époux qui auraient persisté dans la volonté de dissoudre leur mariage, la possibilité de satisfaire ces besoins de changement, auxquels ils ont cédé peut-être. La raison de cette faculté accordée au mari est la même qu'autrefois. On a pensé que l'homme était généralement d'une assez grande énergie, ou, si l'on veut, d'un caractère assez rude pour pouvoir, sans trop de douleur, perdre sa femme : dès lors, on a trouvé tout naturel qu'il contractât sans délai, une nouvelle union.

Des jurisconsultes plus facétieux que sensibles, en constatant que *uxores viri lugere non compellentur* (L. 9, *De h. qui not. inf.*), ajoutaient : « Il n'y a pas de quoi. »

Comme en droit romain, la femme qui a perdu son mari, ne doit contracter un second mariage, que lorsqu'il s'est écoulé un certain délai depuis la dissolution du premier. Ce délai est de dix mois; c'est l'ancien délai prétorien. Dans le cas de divorce prononcé pour cause déterminée, la femme ne pouvait aussi se remarier qu'après ce délai (art. 296).

Les rédacteurs du Code, ainsi que le préteur, ont probablement eu la pensée que ce délai de dix mois, qui est celui de la plus longue gestation, était nécessaire pour empêcher la confusion de part, la *sanguinis turbatio*.

En cela ils ont aberré, et ils se sont montrés moins bons physiologistes que les auteurs de la loi Julia. En effet, s'il ne s'agit que d'éviter la confusion de part (et vraiment on conçoit bien que de cela seul il s'agit quand le mariage a été dissous par le divorce), un délai de quatre mois pleins est suffisant. La plus longue gestation en droit français est de dix mois; la plus courte est de six: qu'il s'écoule quatre mois depuis la dissolution du mariage et que la femme alors se remarie, un enfant venant à naître viable, ne pourra appartenir qu'au défunt, s'il venait au monde moins de six mois après le nouveau mariage; il ne pourra appartenir qu'au second mari, s'il vient au monde six mois après. Autrement, il faudrait dire qu'une gestation a pu se prolonger au delà du terme déjà ridiculement long, que les rédacteurs du Code ont adopté, ou qu'un accouchement dans les six mois de la grossesse a pu produire un enfant apte à vivre de la vie extra-utérine, ce que pas un physiologiste n'admettrait.

Du reste, des considérations de décence se retrouvant au fond de la décision du Code, il n'y a pas lieu d'adresser de trop sévères critiques à sa décision. Il a trouvé dans le droit romain de la période même classique, un délai qu'il s'est contenté de reproduire, sans trop se rendre compte de ses motifs et de son utilité. On ne peut pas dire qu'il l'a reproduit absolument, parce que la soumission de la femme à un veuvage de dix mois lui paraissait chose décente, ni parce que absolument non plus il le croyait nécessaire pour empêcher le doute sur la paternité; il l'a reproduit parce qu'il répondait à un double sentiment, bon et louable en soi.

Prétendre que le Code n'a eu en vue que d'éviter la confusion de part serait impossible, puisqu'il n'autorise pas à se remarier, avant l'expiration des dix mois, la femme qui serait accouchée dans ce délai. Prétendre qu'il n'a été entraîné que par un certain esprit de convenance ne serait pas plus exact, attendu qu'on ne voit pas quelle convenance il peut y avoir à ce qu'une femme, qui a obtenu pour les causes les plus légitimes le divorce contre son mari, paraisse affectée d'une douleur qu'assurément elle ne ressent pas.

Si la femme, au mépris de l'article 228, se disposait à contracter un nouveau mariage avant les dix mois révolus depuis la dissolution du premier, le ministère public pourrait certainement former opposition à l'acte qu'elle se propose d'accomplir subrepticement, et l'officier de l'état civil devrait s'abstenir de célébrer le mariage. Un ascendant de cette femme, qui, aux termes de l'article 173, peut toujours s'opposer au mariage de son descendant, sans énoncer de motifs (art. 176), pourrait également arriver au même but que le ministère public. Mais si la femme parvenait à se remarier avant l'expiration du délai établi par la loi, le nouveau mariage par elle contracté ne serait pas nul. L'article 228, en un mot, contient un empêchement prohibitif, et non un empêchement dirimant.

Cependant l'opinion contraire a été enseignée par Proud'hon. Ce savant jurisconsulte, faisant ici application de la règle célèbre contenue dans la loi 5 C., *De legib* : *Hoc est ut ea, quæ lege fieri prohibentur, si fuerint facta, non solum inutilia, sed pro infectis etiam habeantur, licet legislator fieri prohibuerit tantum, nec specialiter dixerit inutile esse debere quod factum est*; et de cette autre règle, posée par Dumoulin : *Particula* NON, *præposita verbo* POTEST, *tollit potentiam juris et facti*, décide que par ces expressions *ne peut contracter* la loi ôtant « à la femme « le pouvoir de convoler pendant ce délai, il en « résulte qu'un second mariage qu'elle aurait « voulu former serait nul. » Cette opinion est partagée par Delvincourt (t. I, p. 61). Malgré ces importantes autorités, il nous semble que telle n'a pas été la pensée du législateur en écrivant l'article 228. En effet, si telle eût été son intention : 1° il n'eût pas manqué dans le chapitre *Des demandes en nullité de mariage*, de nous dire par quelles personnes et dans quel délai cette nullité aurait pu être demandée; 2° nous savons que plusieurs tribunaux d'appel avaient demandé qu'on assurât l'exécution de l'art. 228 pour la nullité du mariage précoce, et qu'on expliquât quand et par qui cette nullité pourrait être demandée : or, le législateur n'a pas accédé à ce vœu, et cela, nous dit Locré (*Esprit du Code civil*, t. II, p. 379), « parce que

« annuler le mariage, c'eût été trop pour la contravention à une simple loi de précaution, et « qui ne tendait directement ni indirectement, « comme les dispositions du chap. 4, à réprimer « des désordres graves. » 3° Le législateur, par assimilation de ce qu'il a décidé dans l'art. 185, par rapport au mariage contracté avant l'âge requis, n'aurait certes pas manqué de nous dire qu'un pareil mariage ne pourrait plus être attaqué, lorsque, après l'expiration des dix mois, il y aurait eu cohabitation entre les époux pendant un certain temps. 4° Pothier (*Traité du mariage*, 7° partie, chap. 1er, n° 530) nous apprend que ce délai de viduité imposé aux veuves, n'existait pas dans l'ancien droit français. Or, nous ne saurions admettre que le Code, qui se montre en général beaucoup moins sévère que l'ancien droit en matière de nullité de mariage, se soit ici montré si rigoureux. Ajoutons enfin, qu'outre la sanction que nous avons reconnue à cet article, en permettant aux ascendants de faire opposition, il en a trouvé une autre dans l'article 194 du Code pénal de 1810, qui frappe d'une amende de 10 à 300 fr. l'officier de l'état civil qui aura reçu, avant le temps prescrit par notre article, l'acte de mariage d'une femme qui avait déjà été mariée.

Remarquons en finissant que la jurisprudence est aujourd'hui constante dans ce sens (Toullier, tom. I, n° 651; Duranton, tom. II, n° 176;

Vazeille, tom. I, n° 100; Valette sur Proud'hon, tom. I, p. 404; Demolombe, tom. III, n° 337; Zachariæ, tom. III, p. 273; Merlin, v° NOCES (secondes) § II; Dijon, 3 juillet 1807; Sirey, 1807, II, 321; Colmar, 7 juillet 1808: Sirey, 1809, II, 168; Cass., 29 octobre 1811; Sirey, 1812, I, 46).

Seulement, des difficultés pourront se présenter pour déterminer à qui devra appartenir l'enfant dont une femme, remariée dans les quatre mois de la mort de son premier mari, serait accouchée dans les six mois et avant dix mois depuis la dissolution de son premier mariage. Il y a sur ce point des opinions très-diverses. Dans cette hypothèse, en effet, l'enfant peut appartenir au premier comme au second mari, et il n'y a pas de présomption légale qui tranche la question de paternité.

Dans une première opinion, on a dit que l'enfant appartiendrait au second mari, et on a argumenté en ce sens de l'art. 312 (Toullier, n° 666; Proud'hon, tom. II, pag. 37 et 63; Duranton, n° 176).

Dans une seconde opinion, on a dit qu'il appartiendrait à l'enfant de déterminer auquel des deux pères il lui conviendrait de s'attacher. En Angleterre cela se pratique ainsi. Ce sentiment a quelque chose de choquant pour nous. Nous nous faisons difficilement à l'idée d'une personne, qui détermine à son gré, le père auquel elle appartient; nous sommes donc plus enclin vers l'opinion, d'après laquelle les tribunaux auraient à rechercher auquel des deux pères l'enfant doit réellement être attribué. Il est bien certain, que si la recherche dont il s'agit, s'accomplissait immédiatement après la naissance de l'enfant, les moyens de certitude ne feraient pas défaut. (Delvincourt, pag. 64, n° 4). Du reste, dans le doute, on admet que les juges devraient se déterminer d'après le plus grand intérêt de l'enfant : c'est cette dernière opinion que nous croyons préférable. Nous ne pensons pas qu'on puisse faire le moindre cas d'une idée qui a été exprimée, et d'après laquelle l'enfant appartiendrait aux deux maris à la fois, ni d'un autre système qui ne le ferait appartenir ni à l'un ni à l'autre.

L'absence de l'un des époux n'est jamais une cause de dissolution de mariage. Eût-elle duré trente ans, se fût-elle prolongée pendant un temps assez long pour que l'époux dont l'existence est incertaine eût accompli sa centième année, le conjoint présent n'en pourrait davantage contracter une nouvelle union. C'est qu'en effet, le divorce et la mort naturelle ou civile autrefois, la mort naturelle exclusive aujourd'hui, sont les seules causes de dissolution du mariage que la législation ait mentionnées. Toutes les probabilités sont pour la mort de votre époux, soit, mais n'importe : tant que sa mort n'est pas certaine, vous n'avez pas le droit de convoler à de secondes noces.

Si, lorsque l'époux présent se prépare à contracter mariage, le ministère public en était averti, il devrait former opposition à l'union projetée : seulement, l'art. 139, Code Nap., supposant que l'union nouvelle a eu lieu contrairement au vœu de la loi et de la morale, décide en termes exprès que l'époux sera *seul* recevable à attaquer ce mariage par lui-même ou par son fondé de pouvoir, muni de la preuve de son existence. On a voulu empêcher la perturbation d'intérêts et le scandale public que produirait la demande en nullité d'un mariage, qui en fait peut être valable. Ainsi donc, tant que dure l'absence, le nouveau mariage de l'époux présent ne peut être attaqué ni par les nouveaux époux, ni par le ministère public. A ce point de vue, l'empêchement n'est que prohibitif. Dans le doute, la loi a voulu que l'époux présent ne contractât pas mariage; mais comme, malgré la prohibition de la loi, le mariage a eu lieu, dans le doute encore, la loi a jugé qu'il n'y avait pas de raisons pour en provoquer la nullité. Il ne pourra tomber que si le doute se trouve résolu, et il ne peut être résolu que par le retour de l'absent ou la preuve de son existence. Remarquons, en outre, que ce serait au demandeur dans l'action en nullité à prouver l'existence de l absent; or, nous supposons que celui qui demande la nullité ne peut prouver cette existence : *sa demande ne peut pas être admise* (Cass., 12 août 1828; Lyon, 3 février 1830; Cass., 21 juin 1831). Il est vrai qu'en principe, le demandeur dans l'action en nullité pourrait dire que sa preuve est faite par cela même qu'il a établi que l'un des nouveaux époux était déjà dans les liens d'un précédent mariage, et que, par conséquent, c'est à cet époux d'en prouver la dissolution en fournissant la preuve du décès de son conjoint absent, pour prétendre qu'il a valablement pu contracter un nouveau mariage. Il me suffit, pourrait-il dire, de prouver qu'un tel a été interdit pour demander la nullité d'une donation faite par lui postérieurement à l'interdiction, et ce ne sera pas à moi à prouver que l'interdiction subsiste encore, mais bien à lui défendeur, s'il veut repousser victorieusement ma demande, à prouver qu'il y a eu mainlevée de l'interdiction. Ce langage, vrai en principe, serait ici hors de saison, car la règle qu'il invoque est précisément modifiée par l'absence, par l'incertitude entre la vie et la mort, et qui met, dans tous les cas, à la charge du demandeur, la preuve de la vie ou de la mort de l'absent, selon que son action est fondée sur l'une ou sur l'autre. Ainsi, dans notre espèce, c'était bien à la femme de prouver la mort de son mari absent pour qu'elle pût contracter mariage; aussi, la loi lui défend-elle de contracter ce mariage sans avoir fourni cette preuve. Mais, lorsqu'elle a éludé cette prohibition de la loi et qu'elle a contracté mariage, elle a compris l'avantage de se constituer défenderesse, c'est-à-dire d'obliger celui qui voudrait attaquer son mariage à subir la loi commune de faire la preuve de l'existence de son époux absent, le demandeur ne pourra se fonder sur ce que cette femme a fraudé la loi, pour se soustraire à la nécessité de faire la preuve que la loi lui demande. Il faudrait donc que le demandeur prouvât l'existence de l'époux absent *dans le temps du second mariage*, ainsi que le disait d'Aguesseau (Cass., 18 avril 1838; Merlin, *Répert.*, v° PREUVE, sect. Ire, n° 1).

A ce sujet, M. Demante (*Encyclop.*, n° 133) fait observer « qu'il paraîtrait raisonnable que « le doute qui subsiste sur l'innocence du com- « merce, établi entre les nouveaux époux les « autorisât respectivement à obtenir la per- « mission de vivre séparés. » Il est évident que si les époux sont d'accord à ce sujet, il n'y a pas de difficulté ; ils n'ont pas besoin, pour le faire, d'obtenir un jugement. Mais, il nous paraît impossible que la femme puisse, contre le gré de son mari, quitter le toit conjugal. Il nous est impossible d'apercevoir les motifs sur lesquels elle pourrait fonder une action principale, tendant à demander à ne point demeurer avec son mari. D'Aguesseau (28e plaidoyer) nous apprend, il est vrai, qu'autrefois, dans le doute, on obligeait les époux à vivre séparés. Mais d'abord cette disposition n'était pas générale (Boucheul, *Cout. du Poitou*, tom. Ier, pag. 712), et en outre, l'art. 139 du Code Napoléon ne l'a pas reproduite.

Notre art. 139 nous dit que le mariage, conformément à l'art. 188, Code Nap., pourra être attaqué par l'époux absent seul, ou par son fondé de pouvoir, muni de la preuve de son existence. Cette rédaction fait naître deux questions. La première est celle de savoir quelle doit être la nature du mandat : devra-t-il être spécial ou bien un pouvoir général suffira-t-il? On se demande, en second lieu, si en vertu de notre article, les nouveaux époux, le ministère public, les tiers intéressés, pourraient aussi attaquer ce mariage, lorsque l'époux absent qui est de retour ou dont l'existence est prouvée, garde le silence. En d'autres termes, cet article fait-il exception aux art. 184, 187, 190 du Code Napoléon, ou bien, au contraire, ne fait-il que s'y conformer?

Sur la première de ces questions, deux systèmes ont été soutenus.

On a dit, dans un premier système, qu'il n'était pas nécessaire d'un pouvoir spécial; que le Code a entendu parler du fondé de pouvoir laissé par l'absent avec charge de le représenter dans ses affaires. En effet, dit-on, le projet du Code parlait d'une procuration *spéciale:* or, cette condition n'ayant pas été reproduite dans la rédaction définitive, il faut en conclure que les rédacteurs ont renoncé à l'exiger. En outre, ajoute-t-on, on comprend dans ce système la nécessité pour le fondé de pouvoir, d'être muni de la preuve de l'existence de l'absent, tandis que, si l'on exige une procuration spéciale, cette condition de l'article ne se comprend plus. De la spécialité même de la procuration résulterait, en effet, la preuve de l'existence de l'absent (Delvincourt, t. I, p. 52; Marcadé, t. I, art. 139, n° 3).

Si ce système a l'avantage d'expliquer d'une façon assez satisfaisante les mots *munis de la preuve de son existence*, il a, en revanche, l'immense inconvénient de ne s'appliquer qu'au cas de présomption d'absence. En effet, le mandat général que l'absent a donné de gérer ses affaires, lorsqu'il était sur le point de partir, cessant par la déclaration d'absence (art. 121 et 122), il faudrait admettre que le législateur a eu en vue précisément le cas auquel il était le moins naturel de songer, c'est-à-dire la présomption d'absence. En outre, il nous semble difficile de croire que l'absent, lorsqu'il a donné ce mandat général, ait entendu y comprendre un acte aussi grave que l'action en nullité du mariage de son conjoint.

Dans le second système que nous adoptons, on suppose que le mandat est postérieur en date au nouveau mariage, qu'il doit avoir été donné dans le but spécial d'attaquer le mariage du conjoint présent. Mais alors, nous dit-on, comment expliquer les mots : *muni de la preuve de son existence?* Il faut les tenir pour non écrits. Nous répondrons que l'on comprend encore, dans ce système, la nécessité pour le mandataire, d'être muni de la preuve de l'existence de l'absent. Telle procuration, en effet, qui suffirait pour permettre au mandataire d'intenter l'action en nullité, ne suffira pas à prouver par elle-même, l'existence de l'absent. Ainsi, un pouvoir sous signature privée suffit pour intenter l'action (art. 1985), mais il ne suffit pas pour prouver l'existence de l'absent; il faut, en effet, un certificat de vie, délivré par un officier public. Il faut cependant avouer que notre raisonnement ne sera pas vrai, quand la procuration sera authentique; mais il nous suffit de montrer, qu'il peut se présenter tel cas où l'on comprenne cette condition, exigée même d'un mandataire spécial, pour croire que c'est ce second système que le législateur a voulu consacrer de préférence à l'autre (Valette sur Proud'hon, t. I, p. 304; Demolombe, t. II, n° 203; Toullier, t. I, n° 484; Duranton, t. I, n° 524; Zachariæ, t. I, p. 315; Demante, *Encyclopédie*, n°s 136-139).

Arrivons à la deuxième question. L'art. 139 fait-il exception aux art. 184, 187, 190 du Code Napoléon, ou bien admet-il comme eux, les nouveaux époux, le ministère public, tous les intéressés, à demander la nullité du mariage?

Trois systèmes sont en présence.

Premier système. — Il n'admet que l'absent seul à demander la nullité du mariage de son conjoint. En effet, dit-il, l'art. 139 suppose l'absent de retour, et il déclare que *seul* il sera recevable à attaquer le mariage (Toullier, t. I, nos 485, 528, 529; Zachariæ, t. I, p. 316; Vazeille, *Du Contrat de mariage*, t. I, n° 225).

Deuxième système. — Il distingue entre les nouveaux époux et le ministère public, auxquels il accorde la faculté d'intenter l'action en nullité, et les autres intéressés, c'est-à-dire les collatéraux et les enfants de l'un des époux, nés d'un autre mariage, auxquels il la refuse toujours. La loi, dit-il, divise en plusieurs classes les personnes, qui peuvent demander la nullité du mariage : *les nouveaux époux, tous ceux qui y ont intérêt, le ministère public* (art. 184 Cod. Nap.); lors donc, que l'art. 139 déclare que l'époux absent de retour pourra *seul* attaquer le mariage de son conjoint, il a voulu dire qu'il le pourrait *seul* parmi les intéressés, mais il n'a pensé ni aux nouveaux époux, ni au ministère public (Demante, *Encyclopédie*, nos 123 et 124). Ce système se fonde, à notre avis, sur une distinction purement arbitraire et dès lors, impossible à admettre; il a voulu éviter les fâcheux et scandaleux résultats, auxquels arrive le premier. Mais, si l'on concède que, même après le retour de l'absent, l'art. 184 et le droit commun ne reprennent pas leur empire, il nous semble impossible de lutter contre le texte de l'art. 139, qui ne fait aucune distinction.

Troisième système. — Il accorde l'action en nullité, tant aux nouveaux époux qu'aux autres intéressés et au ministère public. L'art. 139, dit-il, quand il parle de l'absent *seul*, n'a prévu que l'hypothèse où l'absence dure encore (Valette sur Proud'hon, t. I, p. 302 et suiv.; Demolombe, t. II, p. 350, n° 264; Delvincourt, t. I, p. 52; Duranton, t. I, n° 527; de Moly, n°s 513-538). Cette opinion, qui nous paraît préférable, est justifiée par les discussions du Conseil d'Etat.

Deux articles, dans le projet, réglaient notre question.

L'art. 26, présenté à la séance du 4 frimaire an X, s'exprimait ainsi :

« L'absence de l'un des époux, quelque lon-
« gue qu'elle soit, ne suffira point pour auto-
« riser l'autre à contracter un nouveau ma-
« riage; il ne pourra y être admis que sur la
« preuve positive du décès de l'autre époux. »

L'adoption de cet article ne souffrit aucune difficulté.

L'art. 27 était ainsi conçu :

« Si, néanmoins, il arrivait qu'il eût con-
« tracté un nouveau mariage, il ne pourra être

« dissous *sous le seul prétexte de l'incertitude* « *de la vie ou de la mort de l'absent*, et tant que « l'époux ne se présente pas, ou ne réclame « point par un fondé de procuration spéciale, « muni de la preuve positive de l'existence de « cet époux. »

Un membre exprima la crainte que la loi ne *parût autoriser ouvertement* ce mariage.

M. Tronchet déclara alors, que ces deux articles érigeaient tout simplement en loi la maxime de l'avocat général Gilbert des Voisins, qui disait : « L'incertitude de la mort de l'un « des époux ne doit jamais suffire pour contracter un nouveau mariage; mais, elle ne doit « jamais suffire aussi pour troubler un mariage « contracté. »

Malgré ces explications, on trouva que cet article prévoyait trop ouvertement le cas d'un nouveau mariage, et alors le consul Cambacérès proposa *d'effacer l'art. 26, d'énoncer d'abord la disposition de l'art. 27, et de rédiger ainsi la fin de l'art 27 : Néanmoins, si l'époux absent se représente, le mariage sera déclaré nul.* La proposition fut adoptée, et M. Thibaudeau fut chargé de rédiger l'article en ce sens.

De la refonte de ces deux articles sortit notre article 139.

S'il avait reproduit les termes de Cambacérès, il n'y aurait pas eu de doute ; mais enfin la pensée de Cambacérès étant adoptée, il faut entendre cet article en ce sens, que tant que l'époux est *absent*, c'est-à-dire « tant que son existence est « incertaine, lui seul peut attaquer le mariage. « En effet, lui seul alors a la connaissance de « son existence, lui seul par conséquent est re- « cevable, et par la force même des choses au- « cun autre ne peut l'être. » (Valette sur Proudhon, t. I, p. 304). L'incertitude sur l'existence de l'absent venant à cesser, nous dirons donc, que toute personne intéressée peut, suivant le droit commun, demander la nullité du mariage contracté par l'époux présent. Il est bien entendu que, si les nouveaux époux ont été de bonne foi, on leur accordera le bénéfice des art. 201 et 202, et, s'il n'y a pas eu bonne foi, on ne sera pas forcé dans ce système, de légitimer en quelque sorte une bigamie.

Après ces quelques détails, dans lesquels il nous a paru à propos d'entrer, voyons quels seraient les effets d'un second mariage contracté.

La matière que nous allons aborder nous paraît admettre la division suivante. Un premier chapitre traitera du second mariage de l'homme et des effets particuliers de ce second mariage.

Un second chapitre traitera du second mariage de la femme et des effets de ce second mariage. Ce chapitre sera divisé en trois sections. La première s'occupera des réductions de l'autorité de la mère sur la personne de l'enfant.

La deuxième, des réductions des droits de la femme sur les biens de l'enfant. La troisième sera consacrée aux déchéances particulières qui sont infligées à la femme.

Un troisième et dernier chapitre traitera des effets des secondes noces communs au mari et à la femme.

CHAPITRE Ier.

DU SECOND MARIAGE DE L'HOMME ET DES EFFETS DE CE SECOND MARIAGE.

Le second mariage du père a pour conséquence de lui enlever sur ses enfants du premier lit, les facultés de correction qu'il avait précédemment. Quel que soit l'âge de ces enfants, il ne peut plus les faire détenir par voie d'autorité ; il est toujours forcé de s'adresser au président du tribunal d'arrondissement, pour obtenir la détention de ses enfants. Ce président, après en avoir conféré avec le procureur impérial, délivre ou refuse l'ordre d'arrestation demandé, et, lorsqu'il l'accorde, abrége, s'il le veut, le temps de la détention, requis par le père.

Il est évident que, d'ordinaire, ce magistrat sera peu disposé à déférer à la réquisition d'un homme remarié. Dans la main disposée à châtier l'enfant du premier lit, il reconnaîtra souvent la main de la marâtre, et il ne lui permettra pas de s'abattre sur la tête menacée.

C'est une question assez vivement débattue que celle de savoir si le père, qui, après un second mariage, aurait perdu sa seconde femme, resterait encore privé du droit de faire détenir par voie d'autorité les enfants du premier lit, encore âgés de moins de seize ans, et n'ayant d'ailleurs ni fortune personnelle, ni profession, qui leur vaillent de n'être jamais détenus que par voie de réquisition.

La plupart des auteurs professent que le père, redevenu veuf, reprend identiquement les droits de correction qu'il aurait eus, s'il ne s'était pas remarié.

Que craint, en effet, la loi, dit-on? Elle craint l'influence de la nouvelle femme du père, son action souvent hostile aux enfants du premier lit, ses haines, ses séductions, son ascendant sur un mari trop faible et aveuglé. Une fois la nouvelle femme morte, on n'a plus ces sujets de défiance et de crainte. L'art. 380 paraît bien conçu dans ce sens, car ses termes supposent que le père est remarié, c'est-à-dire actuellement engagé dans les liens du second mariage (Toullier, t. II, n° 1051; Proud'hon, t. II, p. 246; Zachariæ, t. III, p. 677; Vazeille, *Du Mariage*, t. II, n° 425; Marcadé, t. II, art. 375, nos 2 et 3; Taulier, t. I, p. 484.

M. Demolombe est contraire à cette doctrine:

d'après lui, le père qui s'est remarié, a perdu le droit de faire détenir un enfant du premier lit par voie d'autorité et il ne peut, dès lors, recouvrer le pouvoir que la loi elle-même lui a enlevé, et aucun texte ne lui restitue, après la dissolution de son nouveau mariage, le droit qu'il a perdu par le fait même de ce second mariage, donc il en demeure toujours déchu.

On objecte, il est vrai, que les termes de l'article 380 supposent le père actuellement remarié ; mais c'est là une affirmation toute gratuite. L'art. 380 dit tout simplement : *si le père est remarié*, c'est-à-dire s'il a contracté une nouvelle union, s'il n'est pas resté veuf. Du reste, en admettant que les expressions employées par l'article, fussent équivoques et se prêtassent également aux deux acceptions contraires, le doute sera bientôt levé, dit M. Demolombe, si on interroge les motifs essentiels de la loi. Lorsqu'un père est remarié, on ne lui suppose plus pour ses enfants du premier lit, la même tendresse et la même impartialité. Sans doute, cette considération est surtout puissante, lorsque le nouveau conjoint du père existe encore ; mais, il s'en faut de beaucoup que la mort du nouvel époux, fasse disparaître le danger, dont s'est préoccupée la sollicitude du législateur. Les motifs sur lesquels est fondé l'art. 380 continuent de subsister, « sinon, dit M. Demo-« lombe, avec une force égale, du moins avec

« assez de gravité encore, pour que la loi ne re-
« tire pas sa protection aux enfants du premier
« mariage. »

Par cela seul que le père a convolé à de secondes noces, il n'a plus pour les enfants du premier lit cet amour absolu, profond, exclusif, qui leur offrait des garanties si sérieuses. L'influence de la belle-mère même décédée, lui survit, surtout s'il y a des enfants de ce second lit (Ducaurroy, Bonnier et Roustain, t. I, n° 556).

A l'appui de son opinion, M. Demolombe ajoute encore, et avec raison, que les enfants du premier lit seront devenus moins respectueux, dès lors plus insoumis, plus difficiles à gouverner. Il y a à redouter alors, l'irritation qui peut naître dans l'esprit de leur père, et la partialité, dont celui-ci pourrait être disposé à faire preuve, quand des discussions s'élèveront entre les enfants du premier et ceux du second mariage. La situation n'est pas redevenue ce qu'elle était avant le second mariage. Il faut donc maintenir la réduction apportée par l'art. 380 à l'autorité du père remarié (Demolonbe, t. VI, n°s 322-325).

C'est ce système qui nous paraît plus satisfaisant, et que, pour notre compte, nous admettons.

CHAPITRE II.

DU SECOND MARIAGE DE LA FEMME ET DES EFFETS DE CE SECOND MARIAGE.

(Art. 1555-1556.)

Le second mariage de la femme est, ainsi qu'il est facile de le prévoir et comme nous le constaterons bientôt, vu avec plus de défaveur encore que le second mariage de l'homme.

Il est cependant, un cas où la femme remariée semble acquérir une capacité qu'elle n'aurait pas eue pendant son premier mariage. Il est vrai, que cette capacité est toute dans l'intérêt des enfants du premier lit, et que son effet est d'empêcher ses enfants d'être victimes de la malveillance de leur beau-père.

L'art. 1555, faisant exception au principe de l'inaliénabilité des biens dotaux, permet à la femme de donner ses biens dotaux pour l'établissement des enfants qu'elle aurait d'un mariage antérieur, et, si son mari refuse de l'autoriser, elle peut demander la permission de justice. Il est bien entendu, que si elle n'est autorisée que par justice, la jouissance des biens dotaux devra rester au mari.

Le sens du mot *établissement* ne doit pas s'entendre ici d'une façon restrictive ; ce mot signifie ici, comme dans l'art. 1422, non-seulement l'établissement par mariage, mais toute espèce d'établissement (Duranton, t. XV, p. 494; Zachariæ, t. III, p. 587; Marcadé, t. VI, p. 65). Ainsi, il a été jugé que le cas de remplacement militaire était souvent le préliminaire obligé de tout établissement, et que, par conséquent, il rentrait dans les prévisions de l'article.

Ce point a été plusieurs fois ainsi jugé (Rouen, 25 février 1828; Grenoble, 21 janvier 1835; Nîmes, 10 août 1837; Caen, 21 juin 1844). Il résulte de ce qui précède que le mot *donner*, qu'emploient nos articles, ne doit pas s'entendre dans le sens restrictif d'une donation à faire à l'enfant de biens en nature. En effet, lorsqu'il s'agit de procurer à un enfant un office ministériel ou un fonds de commerce, pourquoi soumettre la mère à faire directement à son fils donation d'un bien que celui-ci vendra ensuite, au lieu de lui permettre à elle-même de vendre directement le bien pour payer l'objet. Pourquoi faire ainsi payer deux fois le prix de mutation de l'immeuble? Le Code, en employant le mot *donner*, y a attaché le sens de procurer un avantage à l'enfant par l'aliénation du bien dotal. Quel que soit d'ailleurs le mode d'aliénation, le résultat sera toujours une donation que la mère fait à l'enfant.

Nos articles n'accordent pas expressément à

la femme le droit d'hypothéquer les immeubles dotaux pour l'établissement de ses enfants : que décider à cet égard?

Nous savons que d'après le droit romain, où le Code a puisé le régime dotal, la possibilité d'aliéner sous certaines conditions le fonds dotal, n'impliquait pas celle de l'hypothéquer sous les mêmes conditions. L'hypothèque était l'objet de plus de défiance que l'aliénation.

La loi Julia, *De fundo dotali*, avait depuis longtemps prohibé l'hypothèque du fonds dotal, lorsque Justinien ajouta comme complément la défense de l'aliénation; et l'on comprend jusqu'à un certain point, qu'on ait accordé une plus grande importance au droit d'hypothèque. Quand il s'agit en effet, d'aliéner, la femme aperçoit parfaitement les conséquences de ce qu'elle fait et ne se dépouille qu'en connaissance de cause, tandis qu'elle serait plus facilement portée à consentir l'hypothèque de l'immeuble dotal, dans la conviction de rembourser à temps l'emprunt contracté; elle arriverait ainsi, à une aliénation indirecte qui n'était pas, à l'origine, dans sa volonté. En outre, quand il y a vente, l'aliénation de l'immeuble s'opère toujours évidemment, au moment que l'on trouve opportun, tandis que lorsque l'hypothèque est une fois établie, l'aliénation du fonds pourra se faire dans un temps inopportun, pour un prix désastreux. Dès lors grand préjudice pour elle.

On voit donc que l'hypothèque est plus dangereuse que l'aliénation; par suite, on comprendrait parfaitement, que la loi eût permis l'une et prohibé l'autre. On pourrait même argumenter dans ce sens, en se fondant sur le texte. En effet le Code, en posant son principe de prohibition dans l'article 1554, parle de l'hypothèque et de l'aliénation. Dans les articles d'exception, au contraire (art. 1555, 1556, 1557, 1558), il ne parle que de l'aliénation.

Nous croyons cependant, malgré ces raisons, que la femme peut tout aussi bien hypothéquer, qu'aliéner ses immeubles dotaux, pour l'établissement de ses enfants. En effet, si on décidait autrement pour nos articles 1555 et 1556, il faudrait décider de même pour les articles 1557, 1558. La rédaction et la pensée de ces articles étant les mêmes, il faudrait dire que le juge qui pourrait permettre la vente des immeubles (art. 1558) ne pourrait, dans aucune circonstance, permettre à la femme de constituer une hypothèque sur ses biens dotaux. Il faudrait admettre que dans le contrat de mariage (art. 1557), où les époux sont parfaitement libres de déclarer tous leurs immeubles dotaux aliénables, ne pourraient cependant stipuler le droit d'en hypothéquer un seul. Il est évident que telle ne peut pas être la pensée de la loi.

Comment, en effet, comprendre que dans le contrat de mariage, où la femme est libre de se faire la position la plus désavantageuse à ses intérêts, elle ne puisse pas stipuler le droit d'hypothéquer les immeubles dotaux? Les rédacteurs du Code, après avoir parlé séparément et expressément dans l'art. 1554 de l'aliénation et de l'hypothèque, ont, dans les quatre articles suivants, voulu exprimer ces deux mêmes idées par un seul mot. Enfin, il y a un texte dans les lois françaises, qui tranche clairement la question dans notre sens, c'est l'article 7 du Code de Commerce. Cet article 7, parlant de la femme mariée sous le régime dotal et marchande publique, nous dit que ses biens dotaux ne peuvent être *hypothéqués ni aliénés que dans les cas déterminés par le Code civil.* Il faut donc qu'il y ait dans le Code civil des cas où les biens dotaux puissent être aliénés et hypothéqués; or, nulle part ailleurs que dans nos quatre articles, nous ne voyons d'exceptions à l'article 1554.

S'il s'agissait de l'établissement des enfants communs, l'autorisation du mari ne pourrait jamais être suppléée. Le législateur a pensé avec raison, que l'affection du père pour ses enfants était une garantie suffisante en leur faveur, contre un refus d'autorisation, qui ne serait pas motivé.

SECTION Ire.

Des réductions de l'autorité de la mère remariée sur la personne des enfants du premier lit,

(Art. 381, 395, 396, Code Nap.)

La mère survivante et non remariée, c'est-à-dire la mère dans les conditions les plus favorables, n'a jamais, aux termes de l'art. 381, que la voie de réquisition, pour faire détenir un enfant dont elle aurait sujet de se plaindre, encore son droit de correction ne s'exerce-t-il qu'*avec le concours* des deux plus proches parents paternels de cet enfant.

Ces mots, *avec le concours*, nous montrent bien qu'il faut non-seulement l'avis, mais le consentement de ces parents ; il faut que la réprobation qui frappe l'enfant soit *collective* (M. de Belleyme, *Ordonn. sur référé* t. Ier, p. 14, note 2 ; Zachariæ, t. III, p. 676, Toullier, t. Ier, p. 483).

Les premiers mots de notre article : *La mère survivante*, ont donné lieu à la question de savoir si l'article ne s'applique à la mère remariée, que lorsque le père est mort, ou bien s'il lui est encore applicable, toutes les fois que le père se trouve dans l'impossibilité physique ou morale, reconnue juridiquement, d'exercer lui-même le droit de correction. Que décider donc, si le père, par exemple, a été privé de la puissance paternelle par application de l'art. 335 du Code pénal, s'il est interdit, s'il est absent, soit dans la période de prèsomption, soit dans la période de déclaration? Proudhon (t. II, p. 245), enseigne que la mère ne peut exercer ce droit de correction, qu'autant qu'elle a effectivement survécu au mari.

Il s'attache, pour décider ainsi, aux termes de notre article 381, qui ne parle que de la mère *survivante*.

Quant à nous, nous ne pouvons partager cette opinion ; nous nous fondons pour cela sur les art. 371 et 372 Code Nap., qui placent l'enfant mineur *sous l'autorité de ses père et mère,* d'où la conséquence, que la loi entend bien associer la mère au père, quant aux droits de puissance paternelle. Sans doute, le père est placé en première ligne, c'est à lui d'abord qu'appartient l'exercice de cette autorité. Sans aucun doute aussi, cette autorité ne peut être partagée, elle appartient donc au père en principe, pendant le mariage ; mais, cet article 373 suppose évidemment le père capable d'exercer cette autorité. Toutefois, s'il ne l'était pas, quelles bonnes raisons y aurait-il d'interdire à la mère l'exercice d'un droit, qui a été reconnu dans sa personne par la loi ? Deux articles du Code Napoléon viennent nous fournir dans ce sens, des arguments convaincants et péremptoires. D'abord l'art 141, supposant le père disparu, confie la surveillance des enfants communs à la mère et lui permet d'exercer *tous les droits du mari, quant à leur éducation,* etc., etc., etc., ce qui comprend sans difficulté le droit de correction. Pourquoi ferions-nous une différence entre le cas où le père est dans l'impossibilité d'exercer son autorité paternelle, par suite de sa disparition, et celui où il est privé, soit de l'exercice seulement de sa puissance paternelle, par suite du dérangement de sa raison, soit de cette puissance elle-même, par suite du crime dont il s'est rendu coupable ?

Enfin, l'art. 149 du Code Nap. nous montre que si le père est dans l'impossibilité de manifester sa volonté, relativement au mariage de son enfant, le consentement de la mère suffit. Il est donc bien évident, qu'ici la loi permet à la mère de faire un acte de la puissance paternelle, que le père est dans l'impossibilité d'exercer.

A ces arguments de textes viennent se joindre des considérations d'un tout autre ordre. Et d'abord, si l'on ne permettait pas à la femme d'exercer la puissance paternelle, dans le cas où son mari ne pourrait l'exercer lui-même, nous nous trouverions en présence d'une difficulté insurmontable ; nous ne saurions plus, après avoir écarté la mère, à qui confier l'exercice de cette puissance. Enfin, l'ancien droit décidait aussi, comme nous le faisons nous-même. Pothier (*Traité des personnes*, partie III, tit. VI, sect. II), nous apprend que la mère exerçait la puissance paternelle, non-seulement lorsque le père était mort, mais aussi *dans le cas auquel, pour sa démence ou son absence, il ne pourrait pas l'exercer*.

C'est encore ainsi que décide la presque généralité des auteurs. (Valette sur Proudhon, t. II,

p. 215, not. *a*; Demolombe, *De la Puissance paternelle*, t. VI, p. 237; Zacharie, t. III, p. 674; Marcadé, art. 373, n° 1; Vazeille, *Du Mariage*, t. I, p. 405; Delvincourt, t. I, p. 215.)

En dehors du cas même d'interdiction, lorsque le père, conformément à la loi du 30 juin 1838, a été admis dans un établissement public ou privé d'aliénés, il faudrait, croyons-nous, accorder à la mère l'exercice de la puissance paternelle.

La mère survivante et *non remariée*, dit notre article 381. Dès qu'elle se remarie, la mère cesse d'avoir comme telle, le droit de correction, même par voie de réquisition. On redoute les préventions du beau-père contre les enfants du premier lit, et on prend le moyen le plus sûr d'en éviter les excès.

Comment faut-il entendre les mots *non remariée* de notre article 381? En d'autres termes, la mère remariée, mais redevenue veuve par la mort de son second époux, recouvre-t-elle le droit de correction dans les termes de l'article 381?

On dit pour l'affirmative, que le législateur a écrit la règle de l'article 381 dans le but de protéger les enfants du premier lit, contre l'influence qu'exercera probablement, le nouveau mari sur la femme : or, toute crainte pareille s'évanouira à la mort du second mari ; donc, la crainte du législateur ne pouvant plus se réaliser, il n'y aura plus aucun danger à rendre à la femme remariée, redevenue veuve, le droit de correction de l'article 381 qu'elle avait perdu par son second mariage (Zachariæ, t. III, p. 677; Proudhon, t. II, p. 246; Toullier, t. II, n° 1058; Vazeille, *Du Mariage*, t. II, n° 425; Marcadé, t. II, art. 372, n°s 2 et 3; Taulier, t. I, p. 484).

Il nous est impossible, quant à nous, d'admettre cette opinion.

Un texte de loi enlève formellement le droit de correction à la femme, qui convole à de secondes noces. Pour que nous lui permettions de recouvrer ce droit, il faudrait qu'une disposition formelle le lui rendît; or, nous ne connaissons aucun texte qui restitue à la mère remariée, après la dissolution de son second mariage, le droit de correction sur ses enfants du premier lit, que ce mariage même lui a fait perdre. Aucun des auteurs que nous venons de citer, n'accorde à la femme remariée, et redevenue veuve, la jouissance légale des biens de ses enfants du premier lit qu'elle a perdue par son second mariage; cette jouissance est bien et définitivement perdue. Pourquoi ferions-nous une différence entre ce cas et celui qui nous occupe? Pour que nous fussions de l'avis de ces auteurs, il faudrait que l'article 381, aussi bien que l'article 380 (sur lequel la même question peut s'élever à propos du père) supposent que la mère (ou le père) soient *actuellement* remariés; or, nous ne voyons pas cette condition dans le texte : *si le père est remarié,* dit simplement l'article 380, c'est-à-dire s'il n'est pas resté veuf.

Nous ajouterons même que les motifs, qui ont poussé le législateur à infliger à la femme remariée la déchéance dont nous nous occupons, subsistent encore, quoique avec moins de force, lorsque son second mariage est dissous par la mort de son nouveau conjoint. En effet, par le fait seul du second mariage de la mère, la position des enfants du premier lit a été changée pour toujours; la mère remariée (et ce que nous disons de la mère s'appliquera tout aussi bien au père) n'aura jamais pour ses enfants du premier lit, un amour maternel aussi absolu, surtout s'il reste des enfants de son second mariage.

Nous croyons donc que la situation n'étant pas redevenue ce qu'elle était avant le second mariage, les art. 380 et 381 continueront à être applicables (Demolombe, t. VI, p. 241; Ducaurroy, t. I, art. 380, n° 556).

Il faut remarquer que la mère remariée peut, aux termes de l'art. 395 du Code Napoléon, être maintenue dans la tutelle par le conseil de famille. Ce sera alors, comme tutrice qu'elle devra procéder, lorsqu'il s'agira pour elle de faire détenir ses enfants mineurs. Elle devra procéder d'après le mode indiqué dans l'art. 468 du Code Napoléon. Elle devra comme tout tuteur, de concert avec son mari cotuteur, porter ses plaintes au conseil de famille, et si elle y est autorisée par ce conseil, provoquer la réclusion du mineur. Il ne lui suffirait même plus, comme on le voit, de s'assurer le concours des deux plus proches parents paternels de l'enfant.

Laisser toujours et sans examen, la tutelle à la mère qui se remarie, pouvait être nuisible aux enfants du premier lit; la lui enlever toujours, eût pu encore être préjudiciable à ces enfants; car le nouveau mari peut offrir pour eux toutes les garanties désirables. Le Code s'en est donc rapporté sur cette question de fait à la décision du conseil de famille, qui examinera ce qui convient le mieux aux enfants du premier lit et décidera en connaissance de cause; aussi l'article 395 nous dit que lorsqu'une femme veuve ayant des enfants, veut se remarier, elle devra, avant l'acte de mariage, convoquer un conseil de famille, qui décidera si la tutelle devra lui être conservée.

Deux hypothèses peuvent se présenter ici : ou la femme a convoqué ce conseil avant de se remarier, ou elle ne l'a pas convoqué.

Nous allons passer en revue chacune de ces hypothèses, et voir les difficultés qui s'y rencontrent.

1re *Hypothèse.* — La femme a convoqué le conseil de famille.

C'est l'art. 396 qui s'occupe de cette hypothèse.

Il s'exprime ainsi :

« Lorsque le conseil de famille, dûment con-
« voqué, conservera la tutelle à la mère, il lui
« donnera nécessairement pour cotuteur le se-
« cond mari, qui deviendra solidairement res-
« ponsable, avec sa femme, de la gestion posté-
« rieure au mariage. »

Remarquons d'abord le mot *conservera* de cet article, qui nous indique que la tutelle dont sera investie la femme, n'est pas une tutelle dative, mais bien la tutelle antérieure qu'elle garde et qui est la tutelle légale.

En second lieu, le conseil, d'après ces articles, lorsqu'il maintiendra la femme dans la tutelle, devra toujours et nécessairement nommer le mari cotuteur.

Nous avons donc ici, d'après l'article, une tutrice dans la mère remariée et un cotuteur dans le nouveau mari qu'elle s'est donné, d'où il suit que leurs immeubles à tous les deux seront grevés de l'hypothèque légale de l'art. 2121.

Le mari étant cotuteur, c'est-à-dire tuteur avec sa femme, la cotutelle du mari prendra fin en même temps que la tutelle de la femme; c'est ce que prouve l'art. 400 du Code Napoléon, qui permet à la femme remariée et maintenue dans la tutelle, de nommer aux enfants de son premier mariage, un tuteur par acte de dernière volonté.

Nous dirons à l'inverse, que si le mari cotuteur vient à être destitué, la tutelle conservée à la femme remariée par le conseil de famille, devra également prendre fin. Il faut cependant, restreindre cette règle au cas où la cotutelle du mari cessera pour toute autre cause que son décès. Dans ce cas, en effet, la mère loin de cesser d'être tutrice, verra sa tutelle se consolider et revenir à la force qu'elle avait avant son second mariage.

Les enfants du second lit, auront, comme nous venons de le voir, une tutrice dans leur mère remariée, et un cotuteur dans leur beau-père. A qui de ces deux tuteurs, accorderons-nous la gestion? Nous croyons qu'ils doivent gérer ensemble; si s'est la femme qui agit, il faut que le cotuteur son mari, l'assiste; si c'est le mari, il faut que la femme signe les actes avec lui, ou qu'elle lui donne sa procuration.

Il y a cependant des auteurs, qui accordent la gestion au mari, de préférence à la femme (Fréminville, t. I, n° 171; Chardon, *Puiss. Patern.*, n°s 21 et 22); d'autres, au contraire, pensent qu'il faut distinguer, pour résoudre la question, entre les divers régimes matrimoniaux, que les époux ont pu adopter (Magnin, tom. I, n° 458). Ce sera, dans cette dernière opinion, le nouveau mari qui gérera la tutelle, si le contrat de mariage lui confère l'administration des biens de sa femme; ce sera la mère, au contraire, qui aura cette gestion, dans le cas de séparation de biens. Dans ce cas, en effet, l'administration de ses biens lui appartenant, elle aura aussi, celle des biens des enfants du premier lit. Que décider, lorsque la femme remariée aura été maintenue dans la tutelle par le conseil de famille, avec son mari pour cotuteur, et que la séparation de corps soit ensuite intervenue entre les nouveaux époux? Le Code Napoléon n'a point directement prévu cette question, mais, il nous semble qu'il nous en a donné la solution indirecte dans son art. 444. Ne pourrait-on pas dire, par analogie de cet article, que le conseil de famille aura la faculté de priver de la tutelle celui des deux époux, contre lequel la séparation aura été prononcée?

La veuve remariée et exclue de la tutelle par le conseil de famille pourra, à la mort de son nouveau mari, être réintégrée dans la tutelle de ses enfants du premier lit, si elle le réclame, et que le conseil de famille le juge convenable.

La mère, en effet, par le fait de son nouveau mariage, a perdu la tutelle légale, et aucun texte de notre Code ne lui rend cette tutelle. Pour être tutrice, elle devra recourir au conseil de famille, qui a toujours le choix (art. 405, Cod. Nap.). Le Code hollandais, dans son article 406, donne une tout autre décision. Cet article nous dit que, *dans le cas où le second mariage serait dissous*, la mère serait réintégrée de droit dans la tutelle.

Nous accordons au conseil de famille, lorsqu'il maintiendra la femme remariée dans la tutelle, le droit de lui imposer, ainsi qu'à son nouveau mari cotuteur, certaines conditions restrictives d'administration. Ainsi il pourra régler la somme à laquelle devra s'élever la dépense annuelle du mineur (art. 454); il pourra obliger la mère et son nouvel époux de remettre au subrogé tuteur, des états de situation de leur gestion (art. 470); il pourra ordonner qu'ils ne toucheront les capitaux qu'en présence du subrogé tuteur, qui pourra surveiller l'emploi, et si la femme ou son mari se croient lésés par la décision du conseil de famille, ils pourront se pourvoir devant le tribunal. Cette décision est conforme à celle que donne l'art. 507 dans un cas analogue (Zachariæ, t. Ier, p. 224; Taulier, t. II, p. 14; Rouen, 6 août 1827, Agen, 14 décembre 1830).

Voilà ce que nous avions à dire sur l'hypothèse où la femme qui se remarie a convoqué le conseil de famille.

Deuxième hypothèse. — La femme a négligé d'accomplir cette formalité.

Cette hypothèse est prévue par l'art. 395, qui s'exprime ainsi, dans son second alinéa :

« A défaut de cette convocation, elle (*la*
« *mère*) perdra la tutelle de plein droit, et son
« nouveau mari sera solidairement responsable

« de toutes les suites de la tutelle qu'elle aura « indûment conservée. »

Il résulte de notre article que la mère n'est plus tutrice légalement en droit, qu'elle l'est encore en fait; dès lors, elle ne pourra pas engager le mineur envers le tiers; les actes qu'elle aurait faits ne pourront pas être opposés aux mineurs, car elle a cessé de plein droit d'être tutrice (Zachariæ, t. I, p. 247).

Nous dirons même, que le payement fait par un débiteur entre les mains de la mère, sera nul, si le mineur n'en a pas profité (art. 1239). Cependant, la nullité des actes faits par la mère ne pourra être opposée que par le mineur. Car les tiers, ayant traité avec la mère, en qualité de tutrice, ils lui ont reconnu cette qualité, qu'elle a du reste, jusqu'à un certain point, par cette tutelle de fait, que nous avons vu la loi elle-même lui accorder dans son art. 395.

Si la mère remariée fait des actes de gestion, sans avoir été maintenue dans la tutelle par le conseil de famille, ses biens continueront d'être grevés de l'hypothèque légale de l'art. 2121, pour raison de sa gestion ou de son défaut de gestion depuis le mariage. Il y a cependant des auteurs (M. Duranton, t. XIX, n° 312) qui nient ce résultat. L'hypothèque de l'art. 2121, disent ces auteurs, ne peut exister que sur les immeubles d'un véritable tuteur; or, dans l'espèce, l'article 395 ne nous permet pas de regarder la femme comme tutrice, c'est un simple gérant d'affaires.

Nous voyons ici, quant à nous, quelque chose de plus qu'une gestion d'affaires, car l'art. 395, tout en déclarant la mère déchue de la tutelle, constate qu'elle l'a conservée. On peut bien dire d'elle qu'elle gère *pro tutore* (L. 1, § 1, *De eo qui pr. tut.*). Il nous serait d'ailleurs impossible de comprendre que la loi eût privé le mineur de sa plus grande garantie, dans un moment aussi dangereux.

Enfin, dans le système de ces auteurs, il y aurait une bizarrerie inexplicable pour nous. Si nous supposons, en effet, que la veuve ou son mari convoque le conseil de famille, et qu'ils soient tous deux maintenus dans la tutelle, il faudra bien décider que l'hypothèque légale frappe dès ce moment les immeubles de cette femme; d'un autre côté, il est impossible à ses auteurs de nier que l'hypothèque légale ait frappé les biens de la mère, jusqu'au moment où elle a enfreint l'ordre que lui donne l'art. 395, de convoquer le conseil de famille. Il y aurait donc ainsi un intervalle dans lequel ces immeubles ne seraient pas frappés de l'hypothèque légale, et cette faveur lui serait justement accordée dans le cas où elle a désobéi à la loi. C'est là un résultat impossible à admettre (Zachariæ, t. I, p. 248; Vallette sur Proud'hon, t. II, p. 289, n° 6; Troplong, *Des Priviléges et hypothèques*, t. II, n° 426; Marcadé, art. 395, n° 1; Cass., 15 décembre 1825).

Voilà pour la femme.

Quant au mari, l'art. 395 nous dit qu'*il sera solidairement responsable de toutes les suites de la tutelle que la femme aura indûment conservée*, et cela pour deux motifs, d'abord parce qu'il est le complice de sa femme, et ensuite parce que ce sera presque toujours lui qui, en fait, exercera la tutelle.

Ici s'élève la question de savoir, si le nouveau mari est responsable des suites de la gestion, même antérieure au mariage.

La jurisprudence et la plus grande partie des auteurs rendent le mari responsable, même de la gestion antérieure.

Et d'abord le droit romain et l'ancien droit le décidaient ainsi.

« Si mater, dit la loi 6 (Cod. *In quib. caus.*), « legitime liberorum tutela suscepta, ad secun- « das, contra sacramentum præstitum, adspi- « raverit nuptias, antequam eis tutorem alium « fecerit ordinari, eisque quod debetur ex ra- « tione tutelæ gestæ persolverit; mariti quo- « que *ejus prœteritœ tutelœ gestœ* ratiociniis, « bona jure pignoris tenebuntur obnoxia. »

Domat (*Lois civiles*, première partie, livre II, titre I, n° 37) est aussi explicite :

« Si, dit-il, la mère, tutrice de ses enfants, « convole en secondes noces sans leur avoir fait

« nommer un tuteur, rendu compte de son ad-
« ministration et acquitté ou assuré ce qu'elle
« pouvait leur devoir, les biens de son second
« mari seront hypothéqués envers le mineur
« pour tout ce qui se trouvera leur être dû par
« le compte, *tant pour le passé que pour l'ave-*
« *nir.* »

Cette opinion était unanimement reçue dans l'ancien droit (Pothier, *Traité des hypothèques*, chapitre 1, section 1, art. 3; Ferrière, *Des tutelles*, première partie, section III, n° 116).

On se fonde encore, dans cette opinion, sur la différence de rédaction qu'offrent les articles 395 et 396. Le premier déclare le mari responsable de *toutes les pertes de la tutelle* indûment conservée; le second, au contraire, a bien soin, lorsqu'il veut limiter sa responsabilité à la gestion postérieure, de le dire expressément. Enfin, dit-on, il y a faute du mari et presque présomption de fraude de sa part, et le législateur n'a prononcé une peine aussi sévère que dans le but de prévenir cette faute. Delvincourt, t. I, p. 103, note 6; Duranton, t. III, n° 426; Zachariæ, t. I, p. 241; Marcadé, t. II, art. 395, n° 2; Toullier, t. II, p. 14; Troplong, *Des Priv. et hypoth.*, t. II, art. 2121, n° 426; Valette sur Proudhon, t. II, p. 290, n°7).

Il faut cependant remarquer que ce dernier auteur a abandonné cette opinion dans son nouvel ouvrage : *Explication sommaire du livre 1er du Code Napoléon*, opinion qu'il avait, du reste, depuis longtemps abandonnée à son cours.

La solution de cette question se trouve, à notre avis, dans les travaux préparatoires du Code.

L'article 12 du projet primitif tranchait clairement la question; il ne rendait le nouveau mari responsable de la gestion *qu'à compter du jour de l'acte du mariage* (Fenet, t. I, p. 572).

Les articles 8 et 9 du projet, correspondant à nos articles 395 et 396 ne rendaient aussi, le mari responsable, que des suites de la tutelle postérieure au mariage.

Ces articles s'exprimaient ainsi (Fenet, t. X, p. 596 et 597) :

Art. 8 « Si la mère tutrice veut se re-« marier, elle devra, avant l'acte de mariage, « convoquer le conseil de famille, qui décidera « si la tutelle doit lui être conservée. A défaut « de cette convocation, elle perdra la tutelle de « plein droit, et son nouveau mari sera solidai-« rement responsable de l'indue gestion, qui aura « eu lieu *depuis le nouveau mariage.* »

Art. 9 : « Lorsque le conseil de famille, dû-« ment convoqué, conservera la tutelle à la « mère, il lui donnera nécessairement pour co-« tuteur le second mari, qui deviendra solidaire-« ment responsable avec sa femme de la ges-« tion *postérieure au mariage.* »

Sur les observations du Tribunat, que le mari, d'après les termes de l'article 8, pourrait prétendre ne pas être responsable du défaut de gestion (car cet article ne parle que de l'indue gestion), le Conseil d'État modifia l'article primitif, pour comprendre tout aussi bien le défaut de gestion, que l'indue gestion. Pour arriver à ce but, on rédigea l'art. 395 de notre Code tel qu'il est aujourd'hui. On s'écarta de la rédaction proposée par le Tribunat, qui ne laissait aucun doute. Il proposait de dire : « Et son nouveau mari « sera solidairement responsable avec elle *de-* « *puis le nouveau mariage* (Fenet, t. x, p. 610). »

On le voit donc, le changement de rédaction de notre article 395 par le Conseil d'État, n'a nullement été fait sur une observation contraire au système que le Conseil d'État avait adopté sur notre question ; les observations du Tribunat consacraient ce système, et portaient, ainsi que nous venons de le voir, sur un tout autre point.

Lors donc que notre article 395 parle de toutes les suites de la tutelle, il n'entend parler que de la tutelle indue, c'est-à-dire postérieure au mariage (Ducaurroy, t. I, art. 395, n° 594, 595; Demolombe, t. VII, p. 67, n° 127).

Ici s'élève encore une question vivement débattue. On se demande si le mari, lorsque la femme a indûment conservé la tutelle, a ses biens grevés de l'hypothèque légale au profit du mineur. La plupart des auteurs (Valette sur Proudhon, p. 290, n° 7; Marcadé, t. II, art. 395, n° 2; Zachariæ, t. I, p. 217; Delvincourt, t. I, p. 103, note 10), enseignent la négative. Nous croyons, quant à nous, qu'il faut décider que le mari, dans ce cas, a ses immeubles grevés de l'hypothèque légale. En effet, l'art. 395 déclare le mari *solidairement responsable avec la femme remariée*, et, par conséquent, il doit l'être aussi comme elle. Il est cotuteur de fait dans un cas, comme il est cotuteur de droit dans l'autre. Cette situation est nécessaire dans les deux cas. Aussi disait-on dans l'ancien droit : *Qui épouse la veuve épouse la tutelle*. Le second mari est considéré ici comme cotuteur de fait, et c'est sur cette considération que repose l'obligation solidaire du nouveau mari. La loi présume, en effet, qu'il gère en fait la tutelle; dès lors, nous ne voyons pas pourquoi on ne frapperait pas ses immeubles d'hypothèque, comme on frappe de cette hypothèque les biens de la mère *tutrice de fait*.

Le droit romain et l'ancien droit accordaient formellement cette garantie aux mineurs.

Du reste, les conséquences du système adverse seraient désastreuses pour les mineurs. Dans ce système, en effet, on ne pourra appliquer au second mari ni l'art. 472 ni l'art. 907; le mineur sera livré à son influence sans aucune protection. Nous ne croyons pas que tel soit l'esprit de la loi. La mère et son nouveau mari exercent une tutelle indûment conservée, il est vrai, mais enfin ils sont des tuteurs en fait, et dès lors nous les traiterons comme tels. La jurisprudence paraît être fixée dans ce sens (Caen, 22 janvier 1812 ; Riom, 24 avril 1827 ; Grenoble, 26 juillet 1828 ; cass, 14 décembre 1836).

SECTION II.

Des réductions des droits de la femme sur les biens des enfants.

(Art. 386.)

L'époux survivant a, aux termes de l'art. 384, la jouissance légale des biens de ses enfants mineurs, s'ils n'ont pas atteint leur dix-huitième année, ou s'ils n'ont pas été émancipés, avant d'avoir atteint cet âge. Le père qui se remarierait, ne perdrait pas cette jouissance. Il en est autrement de la mère. « Cette jouissance, « dit l'article 386, n'aura pas lieu au profit de « celui des père et mère contre lequel le di- « vorce aurait été prononcé; et elle cessera, à « l'égard de la mère, dans le cas d'un second « mariage. »

La loi du 8 mai 1816 ayant aboli le divorce, la première partie de notre article ne peut avoir aujourd'hui d'application ; on ne pourrait même pas l'appliquer au cas de séparation de corps. En effet, la position des enfants après la séparation de corps, est bien différente de celle qui leur est faite par le divorce. La séparation entraîne certainement pour eux des inconvénients, cependant, elle est loin d'en entraîner d'aussi graves que le divorce, qui permettait au père et à la mère de se remarier. D'ailleurs, si on applique l'art. 386 à la séparation de corps, on ne saurait à qui attribuer cet usufruit, si la séparation de corps était prononcée contre le mari. On ne l'accorderait certainement pas à la mère, car l'art. 384 s'y oppose. La mère, d'après cet article, ne peut avoir cet usufruit qu'après la dissolution du mariage ; or, ici le mariage n'est pas dissous. Pour échapper à cette difficulté, Delvincourt (t. I, p. 97, note 9), décide que cet usufruit revient aux enfants. Mais cette décision n'empêche pas que l'art. 384 ne soit toujours violé; en outre, elle attribue à la séparation de corps un effet perpétuel et irréparable. L'usufruit légal une fois éteint, ne saurait revivre par la réconciliation des époux; or, l'esprit de la loi est que les époux puissent, par leur réconciliation, effacer toutes les traces du passé (Zachariæ, tom. III, pag. 372, note 4; Demolombe, t. IV, n° 510; Proudhon, *Traité de l'usufruit*, t. I, n° 142; Duranton, t. II, n° 634; Massol, p. 334, n° 7).

Nous n'aurons donc à nous occuper que de la dernière partie de l'article, qui rentre directement dans notre matière. Et d'abord ce que nous devons remarquer, c'est la différence que fait notre article entre le père et la mère. Le père remarié conserve la jouissance des biens de l'enfant du premier lit, tandis que la mère perd cette jouissance par son second mariage. Un des motifs de cette distinction a été signalé par M. Réal, au Corps législatif. C'est « l'inconvenance qu'il y aurait à établir en principe « que la mère peut porter dans une autre famille les revenus des enfants du premier « lit, et enrichir ainsi, à leur préjudice, son « époux » (Locré, *Législ. civ.*, t. VIII, p. 65). Cette raison ne nous paraît pas décisive, car on peut dire tout aussi bien du père, qu'il va enrichir sa nouvelle femme des revenus de ses enfants du premier lit. Nous croyons voir le véritable motif de cette disposition dans la faculté accordée par la loi au mari, sous presque tous les régimes, de disposer à son gré des fruits et revenus appartenant à la femme (Régime de communauté légale et conventionnelle, articles 1401, 1421, 1428, 1528; Régime exclusif de communauté, art. 1530; Régime dotal, article 1549).

Sous le régime de séparation de biens, malgré le texte du contrat, il arrive presque toujours, en fait, que le mari seul a l'administration des biens de sa femme (Comp., art. 1539, 1578, 1579). Dès lors, on pouvait craindre que le second mari ne détournât les revenus des biens des enfants de la veuve qu'il épouse, de leur destination naturelle, c'est-à-dire, l'entretien et l'éducation de ces enfants, pour les employer au profit de lui-même et des siens.

On peut dire encore que la loi considère la veuve qui se remarie, comme s'absorbant, en quelque sorte, dans une affection nouvelle, susceptible d'abolir tous ses anciens sentiments affectueux, et on la prémunit contre elle-même en lui infligeant cette déchéance, qui n'est, en définitive, qu'une garantie de plus que la loi accorde à ses enfants du premier lit.

Il y a des auteurs (Toullier, t. I, p. 496) qui professent que la déchéance infligée par l'art. 386 à la femme remariée, cesse si elle redevient veuve. Nous croyons, au contraire, que l'usufruit légal, venant une fois à cesser, ne peut revivre qu'en vertu d'un texte formel; or, le Code ne contient aucun texte dans ce sens. L'art. 386 est absolu : « la jouissance cessera, » dit-il. S'il avait voulu consacrer l'opinion que nous combattons, il lui aurait été facile de le faire ; il aurait dit : la jouissance « *sera suspendue*, » et non pas : « *cessera*. » Dans l'opinion contraire, on est forcé d'ajouter : « pendant la durée du second mariage. » Ce n'est plus là interpréter la loi, c'est la refaire.

On dit encore dans le système adverse, que les motifs, qui ont poussé le législateur à infliger cette déchéance à la femme remariée, disparaissent, lorsque ce nouveau mariage est dissous; dès lors, la cause de la déchéance venant à cesser, cette déchéance elle-même doit cesser. Nous répondrons à cela, qu'il peut très-bien arriver que, même après la dissolution de ce second mariage, les motifs sur lesquels se fonde la perte de la jouissance légale de la mère, subsistent encore; il se peut, en effet, que la femme ait eu des enfants de ce second mariage. On objecte que la naissance d'enfants pendant le second mariage, n'a pas été, aux yeux du législateur, la raison de la déchéance consignée dans l'art. 386, car cette raison existerait tout aussi bien pour le père, et cependant l'article conserve l'usufruit légal au père remarié. Nous répondons que la naissance d'enfants du second mariage peut très-bien n'avoir pas été, aux yeux du législateur, un motif suffisant pour éteindre l'usufruit légal, mais très-suffisant pour l'empêcher de revivre, lorsqu'une fois il a été éteint. D'ailleurs, le père est plus prémuni contre certains entraînements; l'amour qu'il portait à ses enfants du premier lit s'affaiblira bien, peut-être, lorsqu'il sera partagé entre eux et les enfants d'un second mariage, mais on n'admet pas qu'il puisse absolument s'effacer (Proudhon, *De l'Usufruit*, t. I, n° 144; Demolombe, t. VI, n° 562; Delvincourt, t. I, p. 93, note 8; Vazeille, *Du Mariage*, t. II, n° 470; Duranton, t. III, n° 386).

Nous venons de voir que l'usufruit légal ne renaît, pas au profit de la mère remariée, après la dissolution de son second mariage. Mais que décider si ce second mariage venait à être annulé? Faudra-t-il dire que le second mariage étant regardé comme n'ayant jamais existé, l'usufruit légal sera réputé n'avoir jamais été perdu? ou bien déciderons-nous que la mère aura perdu dans ce cas, l'usufruit légal? M. Duranton (t. III, n° 387), fait à ce sujet une distinction qui peut paraître bizarre : si la femme a été de bonne foi, c'est-à-dire, si elle ignorait qu'elle épousait un homme déjà marié, elle perdra son usufruit, car le mariage dans ce cas produit les effets civils à son égard (art. 201, 202), et la perte de l'usufruit est un des *effets civils* du second mariage de la femme. Si, au contraire, elle était de mauvaise foi, c'est-à-dire si elle savait qu'elle se remariait à un homme déjà marié, elle conservera son usufruit légal. Ainsi, d'après cet auteur, accomplir sciemment un acte coupable, serait un avantage pour la femme; elle profiterait de sa mauvaise foi.

M. Demolombe (t. VI, n° 563), refuse d'adopter un système qui ferait à la mère remariée un titre même de sa mauvaise foi, et il enseigne que la perte de l'usufruit légal est la punition de la célébration d'un nouveau mariage, consenti par la femme, et nullement un effet civil de ce second mariage. L'art. 386 dit que la mère perdra la jouissance légale, dans le cas d'un *second mariage*. Or, il y a eu second mariage, et l'article s'attache dans ses termes au fait même de la célébration, sans distinguer si ce mariage était valable ou non. L'annulation du mariage n'empêche pas le fait de la célébration d'avoir existé, et c'est ce fait de la célébration, qui a pour effet juridique la cessation de la jouissance légale.

Quant à nous, bien qu'à première vue, le système de M. Duranton puisse paraître bizarre, comme l'art. 386 ne fait pas résulter la perte de l'usufruit légal de la célébration du mariage, nous préférons dire que, du moment que le mariage putatif produira ses *effets civils* à l'égard de la femme (et c'est ce qui a lieu lorsqu'elle est de bonne foi), il aura cet effet, de lui enlever définitivement l'usufruit légal; dans le cas contraire, non.

Il n'y a pas à scinder la position que les art. 201 et 202 font à l'époux de bonne foi. Du reste, nous pouvons remarquer que dans le cas où la femme de bonne foi perd, chose en apparence bizarre, son usufruit légal, cette déchéance par elle encourue, sert en quelque sorte, de compensation aux enfants du premier lit, qui subiront plus tard, dans la succession de leur mère, le concours des enfants issus de ce mariage putatif, concours qu'ils ne subissent pas, lorsque leur mère remariée de mauvaise foi, conservera l'usufruit légal, par application de notre système.

La célébration d'un nouveau mariage n'entraînera la perte de la jouissance légale, qu'autant qu'elle aura été libre et volontaire; en effet, lorsqu'il y aura eu violence commise contre la femme, nous regarderons la célébration, comme un fait auquel elle n'a pas légalement consenti; on ne pourrait pas, dans ce cas, lui objecter qu'elle savait à quoi elle s'exposait en se remariant, on ne pourrait pas dire qu'elle a volontairement renoncé à son usufruit légal (Proudhon, *De l'Usufruit*, t. I, n° 144, Zachariæ, t. III, p. 685, note 29).

Que décider relativement à la veuve qui vit dans une inconduite notoire, sans cependant s'être remariée. Perdra-t-elle son usufruit légal? On dit pour l'affirmative, que c'est par *a fortiori* que l'art. 386 s'appliquera dans ce cas. Cette femme, en effet, donnant l'exemple de la débauche à ses enfants, détournera les revenus de ses enfants de leur véritable destination, beaucoup plus que ne pourrait le faire un nouveau mari. Le second argument est puisé dans le droit romain, qui frappait les veuves, vivant en état de concubinage notoire, des mêmes déchéances que les femmes qui se remariaient, *non enim aliquid amplius habebit castitate, luxuria*, dit la Nov. xxx, chap. 9, § 1. C'est dans ce sens que paraît s'être fixée la jurisprudence; plusieurs arrêts de Limoges l'ont ainsi décidé (16 juillet 1807, 12 avril 1810 et 23 juillet 1824). Telle est aussi l'opinion de Proudhon (*De l'Usufruit*, t. I, n° 146), et de Delvincourt (t. I, p. 93, note 8).

Quelque respectables que soient les motifs sur lesquels se fonde cette opinion, nous croyons qu'elle doit être rejetée. Il s'agit ici, en effet, d'une peine à infliger, et dans cette matière on ne peut pas raisonner par analogie. D'ailleurs, cette analogie même n'existe pas, puisque la femme ne consent pas à se mettre sous la puissance d'un second mari et à porter ainsi dans sa nouvelle famille, les revenus de ses enfants. L'art. 386 ne parle que d'un second mariage, et ici la femme n'est pas remariée. Il faut un texte qui lui enlève l'usufruit légal pour cause d'impudicité; or, ce texte n'existe pas. En outre, la déchéance infligée par l'art. 386 à la femme remariée est encourue de plein droit, sans formalité aucune. Pour arriver, dans notre hypothèse, à faire perdre à la mère son usufruit légal, il faudra avoir recours à une instruction et à un jugement, nous serons dès lors en dehors des termes de l'art. 386. Il est vrai que l'art. 444 enlève à la mère la tutelle de ses enfants, pour inconduite notoire; mais, autre chose est la tutelle, autre chose la puissance paternelle, et la mère, même exclue de la tutelle, conserve la puissance paternelle (Marcadé, t. II, p. 175; Zachariæ, t. III, p. 685, note 27; Demonlombe, t. VI, n° 565; Duranton, t. III, n° 388; Aix, 30 juillet 1813; Cass. 19 avril 1843).

SECTION III.

De certaines déchéances infligées à la femme remariée

(Art. 206, 399, 400, C. N.)

Les enfants doivent des aliments à leurs père et mère et autres ascendants, qui sont dans le besoin. Cette obligation persiste quand même le père ou la mère se sont remariés; il y a toujours le lien du sang qui existe et qui motive la dette alimentaire.

Les gendres et les brus doivent également, et dans les mêmes circonstances, des aliments à leur beau-père et à leur belle-mère. Le second mariage du beau-père, tant que celui des époux qui produisait l'affinité et les enfants issus de l'union avec un autre époux seraient encore vivants, ne ferait pas cesser cette obligation des gendres et des belles-filles envers lui. Il en serait autrement en ce qui concerne la belle-mère, si elle venait à se remarier, et conséquemment apporter dans une autre famille, l'affection qu'elle devait à l'enfant d'un précédent mariage, à l'époux de cet enfant et aux êtres issus de leur union. Ici apparaît encore l'idée de blâme, attaché par la loi française au second mariage de la femme. D'ailleurs, le montant de la pension alimentaire devrait être dans ce cas, remis au mari, et la belle-mère n'en aurait ni la disposition, ni peut-être même, le profit. La raison que nous avons donnée de la déchéance contenue dans l'article 386, reparaît ici.

L'art. 207, établissant la réciprocité des obligations dont parlent les articles qui précèdent, on s'est demandé si la belle-fille convolant à de secondes noces, perdrait son droit à des aliments contre son beau-père et sa belle-mère. Le texte semble ne pas appliquer au second mariage de la bru ce qu'il décide du second mariage de la belle-mère. Nous croyons cependant, que la bru, en se remariant, perd sa créance alimentaire contre son beau-père ou sa belle-mère. En effet, les raisons qui enlèvent à la belle-mère remariée, le droit d'exiger des aliments se retrouvent ici; la bru comme la belle-mère, par le nouveau mariage, se trouvent sous la dépendance d'un étranger. On peut même dire, que de la combinaison des articles 207 et 206 il résulte que ces obligations sont aussi réciproques quant à leur durée (Marcadé, t. XXI, p. 537; Zachariæ,

t. III, p. 691; Duranton, t. II, n° 421; Demolombe, t. IV, n° 28).

Remarquons ici que l'article 206 enlève un droit à la femme alliée remariée, mais il n'éteint pas ses obligations. Ainsi, le nouveau mariage de ma belle-mère me dispensera de lui fournir des aliments, mais il n'éteint pas le droit que j'aurai de lui en demander.

L'article 206 nous apprend dans quel cas le gendre et la bru sont affranchis de fournir des aliments à leur beau-père ou à leur belle-mère, mais il ne tranche pas la question de savoir, si la belle-mère remariée doit cependant leur fournir des aliments. Nous nous demanderons donc, si le gendre et la bru conservent le droit de demander des aliments à leur belle-mère remariée, et réciproquement, si le beau-père et la belle-mère peuvent en demander à leur bru, qui a contracté un nouveau mariage.

On dit, pour l'affirmative que l'article 206 déclare bien éteinte l'obligation du gendre et de la bru à l'égard de leur belle-mère remariée, mais ni cet article, ni aucun autre ne déclare éteinte en même temps, l'obligation de celle-ci. A l'article 207, qui ne paraît pas favorable à cette opinion, on répond qu'il n'établit la réciprocité que pour les *obligations* et non pour l'extinction de ces obligations; d'ailleurs, nous dit-on, il n'est pas rare dans le Code de voir un droit réciproque à l'origine, se perdre par la suite pour l'un, tandis qu'il subsiste pour l'autre; tels sont, par exemple, les cas prévus par les articles 299, 300 et 1518 du Code Napoléon. Si, par exemple, l'ingratitude d'un fils lui avait fait perdre le droit de demander des aliments à son père, dira-t-on que celui-ci ne pourrait pas à son tour, par application de la règle de réciprocité, en demander à son fils ingrat?

Malgré ces raisons, nous croyons devoir rejeter cette opinion et adopter la négative. L'article 207 se réfère à l'article 206 tout entier; or, l'article 206 fait deux choses: 1° il crée l'obligation des gendres et belles-filles; 2° il énumère les cas dans lesquels elle cesse. Si l'argument de l'opinion adverse, tiré de l'article 207 était bon, il devrait s'appliquer tout aussi bien au 2° qu'au 1° de l'art. 206; or, tout le monde admet que la dette alimentaire cesse pour tout le monde, lorsque l'époux produisant l'affinité, est mort sans enfants; on doit donc, décider de même du second mariage de la belle-mère.

Une autre déchéance vient frapper la femme qui se remarie, et cette déchéance n'atteindrait pas l'homme, qui contracterait une seconde union. Nous avons vu que la femme, qui projetait une nouvelle union et qui avait des enfants d'un premier mariage, devait commencer par convoquer un conseil de famille et faire décider par ce conseil si elle devait ou non être maintenue dans la tutelle. Quand la femme a observé cette formalité et que le conseil de famille n'a pas eu assez de confiance en elle pour la maintenir, il est manifeste qu'on a redouté l'influence d'un second époux, et qu'on a fait peu de fond sur l'amour que cette femme porte aux enfants du premier lit. Aussi, en pareil cas, ne peut-elle point choisir, à sa mort, un tuteur à ces enfants, et nous en dirons autant du cas où elle se trouvera exclue de plein droit de la tutelle, par l'application de l'art. 395. La raison qui nous paraît dominer toutes les autres, c'est qu'un tuteur nommé par le conseil de famille lui aura été substitué, et qu'il ne peut pas dépendre de cette femme de lui enlever la tutelle dont il a été investi, pour la transférer par son testament à un autre. En dehors de cette raison, on trouverait des motifs de ne pas reconnaître à la femme le droit que lui refuse l'article 399, dans la défiance que lui a témoigné le conseil de famille, et qui se fonde sur l'inquiétude qu'inspirent le second mari, la faiblesse de la femme et la nullité probable de son affection pour ses enfants du premier lit. On ne comprendrait pas, d'ailleurs, qu'une personne pût conférer par testament, un droit qu'elle même n'avait pas le pouvoir d'exercer de son vivant.

Quand la mère remariée a été maintenue dans

la tutelle, le conseil de famille a prouvé qu'il avait foi dans l'énergie de ses sentiments pour les enfants du premier lit et dans le caractère de son second époux. A sa mort, cette femme peut donc faire choix d'un tuteur pour ces enfants, mais son choix n'est valable qu'autant qu'il est confirmé par le conseil de famille. Il y a toujours un reste de défiance contre l'influence du second époux; on craint qu'il n'ait lui-même désigné le tuteur à nommer, et qu'il ne se soit ménagé ainsi pour l'avenir, la possibilité de se procurer des avantages, au détriment des enfants du premier lit.

Nous croyons que la loi accorde ici au conseil de famille, comme dans le cas de l'art. 395, un pouvoir discrétionnaire et souverain, qui l'affranchit de la nécessité de rendre compte de ses motifs.

Cette faculté accordée au conseil de famille, de valider ou d'infirmer à son gré, le choix que la mère remariée et maintenue dans la tutelle, a fait d'un tuteur pour ses enfants du premier lit, donne lieu à une difficulté. On s'est demandé si le droit de la mère n'était pas entièrement anéanti par la nécessité de cette confirmation du conseil de famille. Ne pourrait-on pas dire que la mère ne fait ici qu'une simple désignation, et que c'est en réalité, du conseil de famille que le tuteur tient sa nomination? Il faut reconnaître que cela sera vrai toutes les fois qu'il n'existera pas d'ascondants; mais, si à la mort de la mère, il en existait, son droit ne serait pas illusoire; dans ce cas, en effet, elle peut, avec l'approbation du conseil de famille, faire ce que le conseil de famille ne pourrait pas faire à lui seul : elle peut ôter la tutelle aux ascendants.

Nous croyons que les art. 399 et 400 devront continuer à être applicables à la mère, au cas où elle sera redevenue veuve. Le texte est absolu, et les motifs qui ont poussé le législateur à écrire ces articles, n'ont pas entièrement disparu. Les liens, en effet, que la mère a contractés par ce nouveau mariage, les nouvelles relations de famille qu'elle s'est créées, subsistent encore, dès lors, sa tendresse envers ses enfants du premier lit est douteuse, par conséquent les précautions que prend la loi sont encore nécessaires.

CHAPITRE III.

DES EFFETS DES SECONDES NOCES, COMMUNS AU MARI ET A LA FEMME.

(Art. 1098, 1099, 1100, 1496 et 1527.)

Nous avons pu voir, dans tout ce qui précède, la preuve que la loi infligeait à la femme remariée, plus de déchéances qu'elle n'en inflige au mari, qui contracte une nouvelle union. Nous allons trouver maintenant plusieurs articles qui témoignent d'une défiance égale pour la femme et pour le mari, dans le cas de secondes noces. De ces articles, le plus important est, sans contredit, l'article 1098 : « L'homme ou la femme, dit-il, « qui, ayant des enfants d'un autre lit, contrac- « tera un second ou subséquent mariage, ne « pourra donner à son nouvel époux qu'une part « d'enfant légitime le moins prenant et sans « que, dans aucun cas, ces donations puissent « excéder le quart des biens. » Les termes de cet article rappellent les dispositions contenues dans la loi *Hac edictali*, du Code de Justinien, et reproduites par l'édit des secondes noces. Remarquons toutefois que notre Code se montre encore plus sévère que l'édit, puisqu'il ne permet pas que les donations dépassent jamais le quart des biens. En outre, il met sur la même ligne l'homme et la femme, ce qu'avait négligé de faire l'édit, qui ne parlait que des *femmes veuves*. Nous avons vu, du reste, en traitant de cette partie de la législation, que la jurisprudence et la doctrine avaient déjà, dans l'ancien droit, étendu aux femmes ce que l'édit disait des hommes.

Quoique l'art. 1098 prévoie directement le cas où l'homme ou la femme auraient des *enfants*, tout le monde reconnait qu'il doit s'appliquer également au cas où il n'y aurait qu'*un enfant*.

Il s'appliquera de même au cas où, à défaut d'enfants du premier degré, il n'y aurait que des petits-enfants ou autres descendants par des enfants d'un premier lit.

La première question qui se présente à l'esprit consiste à savoir si notre art. 1098 édicte une règle d'indisponibilité ou une règle d'incapacité. Ce point est important, car des différences profondes séparent ces deux espèces de règles.

Première différence. — C'est au moment même où la liberalité a lieu que le disposant et celui au profit duquel la disposition est faite, doivent réunir la capacité de donner et de recevoir, soit d'une manière absolue, soit l'un à l'égard de l'autre ; au contraire, pour savoir si on a violé une règle d'indisponibilité, il faut nécessairement se placer à l'époque du décès du disposant. C'est alors seulement que l'on peut savoir quels sont la qualité et le nombre des héritiers qu'il laisse et quelle est la valeur des biens formant sa succession. Ce n'est donc, qu'à ce moment qu'on peut avoir les éléments nécessaires, pour savoir si le disponible est dépassé ou non.

Deuxième différence. — La sanction d'une règle d'incapacité consiste dans la nullité de la libéralité, tandis que la sanction d'une règle d'indisponibilité consiste dans la réduction de la libéralité à la quotité disponible (art. 920).

Troisième différence. — Une règle d'incapacité édictée par la loi française, ne régit que les Français et les suit en pays étranger (art. 3), mais ne régit pas en France les étrangers. Une règle d'indisponibilité, au contraire, régit tous les biens situés en France, qu'ils appartiennent à des Français ou à des étrangers (art. 3), et il est d'évidence qu'elle ne peut régir des biens situés à l'étranger.

Voyons donc si l'art. 1098 doit être classé parmi les règles d'incapacité ou parmi les règles d'indisponibilité. A première vue, on se sentirait porté à décider qu'il édicte une règle d'incapacité, surtout à cause de sa forme restrictive ; mais si l'on considère, d'une part, que les art. 913 et 915, sur la nature desquels ne peut s'élever aucun doute, emploient identiquement la même forme, et, d'autre part, que l'art. 1098 restreint les libéralités au profit du nouveau conjoint, à une fraction du patrimoine du disposant, on se trouve convaincu qu'on a sous les yeux une règle d'indisponibilité. En effet, au moment où il fait la libéralité, le disposant ignore nécessairement quelle fortune il laissera, lors de son décès. Une loi, qui frapperait de nullité les libéralités ayant dépassé un certain taux, serait trop rigoureuse et trop déraisonnable, si le taux par elle fixé était, comme dans notre hypothèse, impossible à déterminer au moment même de la libéralité. Il résulte donc de là :

1° Que la disposition de notre article s'applique à tous les biens situés en France, qu'ils appartiennent à des Français ou à des étrangers;

2° Que la sanction consiste dans la réduction des libéralités excessives.

3° Que le disponible exceptionnel, fixé par cet article 1098 ne doit être pris en considération qu'autant que, lors du décès du disposant, il existe des enfants de précédent lits, en supposant, bien entendu, que ces enfants ne soient pas tous renonçants ou indignes;

4° Que les seuls enfants comptés pour calculer la part d'enfant légitime le moins prenant, sont les enfants, qui existent lors du décès du disposant et qui acceptent sa succession.

Toute espèce de libéralité se trouvera atteinte par l'article 1098. Mais aussi, toutes (1) les libéralités sont autorisées au profit du nouveau conjoint, dans les limites du disponible fixées par cet article. Ainsi, tombent sous son application les donations de biens présents, les donations de biens à venir, que ces deux espèces de donations aient été faites par contrat

(1) Il est évident, quoiqu'on décidât autrement dans l'ancien droit, sous l'empire de l'édit des secondes noces, que les petits-enfants ou arrière-petits-enfants ne compteront dans le calcul de la part d'enfant légitime le moins prenant que pour l'enfant du premier degré, dont ils sont issus, et cela, soit que ces petits-enfants ou arrière-petits-enfants viennent par représentation, soit qu'ils viennent de leur chef.

de mariage ou pendant le mariage. Il en est de même des legs. Peu importe du reste, la nature des choses données ou léguées, car il ne faudrait pas s'imaginer qu'il résulte de l'article 1098 que l'époux, qui a des enfants d'un précédent mariage, ne peut donner à son nouveau conjoint qu'une part aliquote de son patrimoine. Qu'il lui ait donné ou légué une somme d'argent, un immeuble, une fraction de son patrimoine, peu importe; dans tous ces divers cas, la libéralité sera parfaitement valable dans les limites fixées par notre article, et réductible pour le surplus.

La quotité disponible en faveur du second époux, est fixée à une part d'enfant légitime le moins prenant. A première vue, l'on ne se rend pas bien compte de la disposition de notre article dans une législation qui n'admet entre les enfants aucun privilége de primogéniture ou de masculinité, et qui les appelle tous à recueillir dans la succession de leur père et mère des portions égales (art. 745). Mais n'oublions pas que le Code Napoléon permet de donner, dans la mesure du disponible, des biens à l'un des enfants par préciput et hors part (art. 919). Si donc, aucun des enfants n'a reçu de libéralité préciputaire, le nouvel époux peut recevoir une part virile, à la condition néanmoins, de ne jamais recevoir plus du quart. S'il y a un, deux, ou trois enfants, le nouvel époux peut recevoir un quart; s'il y en a un plus grand nombre, il pourra recevoir la fraction du patrimoine, ayant pour dénominateur le nombre des enfants plus un (1). Si, au contraire, l'un des enfants a reçu une libéralité par préciput et hors part, le nouveau conjoint ne pourra recevoir que part virile dans le patrimoine, déduction faite des biens donnés ou légués par préciput. Il est bien entendu que notre article 1098, étant basé sur des présomptions défavorables au nouveau conjoint, ne fait aucun obstacle à l'application multanée de l'art. 913. Il résulte de là, que si le préciput donné à l'un des enfants, réuni à la part virile du nouveau conjoint, dans la succession, déduction faite des biens donnés ou légués par préciput, dépassait le disponible de l'article 913, il y aurait lieu à réduction à la quotité fixée par cet article, en suivant, bien entendu, l'ordre de réduction indiqué par les article 923-927. Ce que nous venons de dire courrait grand risque de rester incompris, si nous ne l'expliquions par des exemples.

Un homme ayant quatre enfants d'un premier lit, et ayant donné par préciput à son fils aîné une somme de 20,000 francs, convole à de secondes noces. Il meurt, à la survivance de ses quatre

(1) Il est remarquable que l'art. 1098, du moins pour le cas où aucun des enfants n'est préciputaire, adopte vis-à-vis du nouvel époux, le disponible qu'avait admis à l'égard de toute personne, la loi du 4 germinal an VIII.

enfants, laissant 80,000 fr., toutes dettes payées, et ayant légué à sa veuve, la part d'enfant légitime le moins prenant. Cette part serait, dans notre espèce, de 16,000 fr. Si la veuve, prenait ces 16,000 fr., l'article 1098 serait satisfait, mais l'article 913 ne le serait pas. En effet, le fils aîné a déjà un préciput de 20,000 fr., qui, réuni aux 16,000 fr. légués à la veuve, dépasse le quart de la masse, formée selon les prescriptions de l'article 922, lequel quart est de 25,000. Il y a donc lieu à réduire à la quotité disponible fixée par l'article 913 : or, le fils aîné est donataire, l'épouse est légataire; donc, la réduction portera d'abord sur cette dernière (art. 923 et 925), en conséquence, la veuve ne recevra que 5,000 fr.

Si nous supposons, en conservant notre même espèce, que la veuve a reçu une somme de 16,000 fr. (égale à la part d'enfant légitime le moins prenant), par donation entre-vifs de biens présents, faite pendant le mariage, et qu'au contraire, le préciput de 20,000 fr. donné au fils aîné, lui a été laissé par testament et que le disposant ait laissé 84,000 fr. à son décès, nous serons amenés à dire, comme précédemment, que, si l'article 1098 est satisfait, l'article 913 ne l'est pas. Mais, nous devons procéder à la réduction, en la faisant porter d'abord sur le fils, puisque c'est lui qui est légataire, tandis que la veuve est donataire. Le fils aura donc 9,000 fr. par préciput, et la veuve conservera ses 16,000 fr.

Si, dans la même espèce, nous supposons le fils légataire par préciput d'une somme de 20,000 fr., et la femme légataire de la part d'enfant légitime le moins prenant, soit 16,000 fr., et le disposant laissant à son décès 100,000 fr., toutes dettes payées, nous devrons dire aussi que l'art. 1098 est satisfait, mais que le disponible de l'art. 913 est dépassé. Il faudra donc, réduire les deux libéralités au quart de la masse totale de 100,000 fr., c'est-à-dire à 25,000 fr. Mais, dans ce dernier cas, les deux libéralités étant testamentaires, nous devons, aux termes de l'art. 926, les réduire au marc le franc. En conséquence, le fils qui, si les dispositions paternelles étaient entièrement exécutées, aurait un préciput de 20,000 fr., soit les 20/36 des libéralités cumulées, devra recevoir les 20/36 de 25,000 fr., c'est-à-dire 13,888 fr. 90 c., et le conjoint qui devrait, d'après les dispositions du défunt, recevoir 16,000 fr., c'est-à-dire les 16/36 des libéralités cumulées, ne recevra que les 16/36 de 25,000 fr., c'est-à-dire 11,111 fr. 10 c. En résumé, sur les 100,000 fr., l'enfant préciputaire reçoit 29,888 fr. 90 c.; chacun des trois enfants non préciputaires reçoit 16,000 fr., et la veuve 11,111 fr. 10 c.

Il faut remarquer qu'il n'y a pas à distinguer de quel mariage sont issus les enfants, qui survivent au disposant et acceptent la succession. Ceux mêmes qui sont nés du second mariage comptent pour la détermination de la part d'enfant, et leur présence est aussi une cause de réduction de la libéralité reçue par le conjoint survivant, qui est leur père ou leur mère; mais, ainsi que nous l'avons déjà dit, il en serait autrement, si tous les enfants du premier lit étaient renonçants ou indignes. En d'autres termes, dès qu'il y a des enfants du premier lit héritiers, l'art. 1098 est applicable, et les enfants du second lit peuvent en argumenter aussi bien que ceux du premier.

Nous avons jusqu'ici supposé que, lorsque le nouveau conjoint a reçu entre-vifs certains biens, on doit, pour savoir si ces biens dépassent la part d'enfant qui, aux termes de l'article 1098, forme le disponible exceptionnel de cet époux, réunir ces biens aux biens existant dans la succession, et calculer la part d'enfant sur la masse ainsi formée. Pothier, ainsi que nous l'avons vu, procédait autrement. « Pour « juger, dit-il, s'il y a lieu au retranchement de « la donation et jusqu'à quelle concurrence, il « faut liquider la succession de la mère, faire « une estimation de tous les biens meubles et « immeubles dont elle est composée, et liquider « à quelle somme monte la part de l'enfant qui « y prend le moins, laquelle doit servir de me« sure à la donation faite au second mari. » (*Traité du contra. de mariage*, n° 575.) Mettons le système de Pothier à l'œuvre. Soit une femme qui, ayant quatre enfants d'un précédent lit et laissant 100,000 fr., toutes dettes payées, au jour de son décès, a donné 50,000 fr. entre-vifs à son second mari (1). Pothier dirait : Sur les 100,000 fr. qui forment la succession, chacun des quatre enfants prend 25,000 fr.; c'est donc à 25,000 fr. que se monte la part que doit conserver le second mari, qui est, en conséquence, réduit de 25,000 fr., et ces 25,000 fr., étant partagés entre les quatre enfants, donneront à chacun d'eux 6,250 fr. : chaque enfant aurait donc 31,250 fr., et l'épouse ne recevrait que 25,000 fr. Il est évident que cette manière de procéder lèse le mari, puisqu'elle ne lui accorde pas la part de l'enfant légitime le moins prenant et qu'elle viole l'art. 1098. Elle ne viole pas moins l'art. 922; elle nous semble donc inadmissible sous l'empire du Code Napoléon. D'ailleurs, si la défunte avait laissé 150,000 fr., et que sa libéralité envers son second mari eût consisté, soit dans le legs d'une somme de 50,000 fr., soit dans le legs d'une part d'enfant,

(1) Nous adoptons ici une espèce proposée par M. Colmet de Santerre sur Demante, *Cours analytique*, tome IV, n° 278 bis, VI. Mais, notre savant professeur, dont le passage est juridiquement fort exact, a laissé glisser une erreur de chiffres dans le calcul auquel il s'est livré. La preuve en est que sur la masse de 150,000 fr., il reste 20,000 fr. que M. Colmet de Santerre n'attribue à personne.

soit encore dans une donation de biens à venir de cette part d'enfant, le second mari recevrait 30,000 fr. comme chacun des enfants. Pourquoi donc en serait-il autrement, lorsque la libéralité faite en sa faveur, a consisté dans le don entre-vifs de certains biens déterminés? Nous avons beau chercher, nous ne trouvons aucune raison à l'appui d'une différence aussi bizarre. Enfin, résultat bien plus bizarre encore de ce système, si la femme, riche au moment où elle a fait la donation à son second époux, venait à mourir, ne laissant rien ou presque rien, le second mari n'aurait rien ou presque rien, lorsque les enfants viendront se partager les biens composant la donation, biens qui peut-être, n'ont survécu au naufrage de la fortune de leur mère, que parce qu'ils étaient sortis de son patrimoine. Le second époux se trouvera avoir sauvé ces biens pour les voir se partager entre les enfants. Pour le récompenser, on ne lui donnera rien. Il faut donc maintenir que l'art. 922 est applicable, tout aussi bien en matière de disponible exceptionnel fixé par l'art. 1098, qu'en matière de quotité disponible ordinaire; en d'autres termes, que, pour calculer la part d'enfant à laquelle a droit le conjoint, il faut réunir fictivement aux biens laissés dans la succession, les biens donnés entre-vifs.

Nous avons vu que le nouvel époux ne peut recevoir qu'une part d'enfant légitime le moins prenant; or, il arrive souvent dans la pratique que le conjoint, qui a convolé à de secondes noces, donne à son nouvel époux, soit une part d'enfant, soit une part d'enfant légitime le moins prenant. Ces sortes de libéralités, la plupart du temps, donnent naissance à des difficultés. Posons d'abord sur ce point délicat des propositions incontestables, après avoir fait remarquer que ces sortes de donations ne peuvent être faites que par contrat de mariage ou pendant le mariage. Dans le premier cas, l'époux donateur ne peut y porter atteinte par des donations postérieures; dans le second cas, elles sont essentiellement révocables. Il est évident que toute libéralité faite à des enfants par préciput, diminuera la part du nouveau conjoint et le réduira à recevoir une part virile dans la masse, déduction faite des biens donnés par préciput, toutes les fois que ces libéralités préciputaires seront antérieures à la libéralité faite au conjoint. La difficulté ne se présente donc, que lorsque le conjoint a été gratifié en premier lieu. Supposons d'abord qu'il ait été gratifié par contrat de mariage, et que la libéralité qui lui a été faite, consiste dans la part de l'enfant légitime le moins prenant. Dans ce cas, il résulte de la nature même de cette libéralité, que l'époux donateur s'est réservé le droit de diminuer la part du conjoint par des libéralités postérieures faites, soit par préciput, à l'un de ses enfants, soit à des étrangers, d'où il suit que le conjoint peut se trouver réduit à une somme égale à la part de réserve de chaque enfant, puisque c'est là évidemment le *minimum* de la part d'un enfant légitime. Il en résulte aussi, que l'époux donateur conserve le droit de disposer de la différence entre cette part de réserve et le disponible de l'art. 913. Il n'y a non plus aucune difficulté, lorsque l'époux a reçu, soit la part d'enfant légitime le moins prenant, soit même la part d'enfant, par donation entre époux pendant le mariage, puisque ces sortes de donations sont essentiellement révocables, d'après l'art. 1096. Il est vrai que le donateur ignorant quel sera le *quantum* de sa fortune au jour de son décès, on doit décider qu'une nouvelle donation ne révoque pas la libéralité faite au conjoint, lorsqu'elle ne porte pas *in specie* sur le bien qui lui a été donné; mais ce principe ne s'applique pas dans notre espèce, parce que le donateur sait parfaitement que la donation qu'il fait, diminuera la part de ses enfants, et par conséquent celle de son conjoint, ce qui rend manifeste son intention de révoquer la donation faite à ce dernier, mais seulement dans la mesure nécessaire pour qu'il ne prenne pas plus qu'un enfant préciputaire.

Mais que décider lorsque le nouvel époux a reçu, *par contrat de mariage, une part d'enfant?* D'un côté, cette libéralité ne peut être diminuée par l'effet d'aucune libéralité postérieure (art. 1083 et 1093), et, d'un autre côté, si l'époux donateur veut donner la différence entre la part d'enfant et la quotité disponible, soit à l'un de ses enfants par préciput, soit à un étranger, cette seconde libéralité aura pour effet de réduire des enfants non préciputaires à une part inférieure à leur portion *ab intestat*, ce qui porterait atteinte à la libéralité faite au conjoint. On est donc réduit, dans cette hypothèse, à violer, soit les art. 1083 et 1093, en permettant à l'époux donateur de porter atteinte à la libéralité qu'il a faite par contrat de mariage, soit l'art. 1098, en permettant à l'époux de prendre plus qu'un enfant préciputaire. On se trouverait donc porté à décider que, dans ce cas, l'époux donateur, ne pouvant pas faire de nouvelles donations, sans violer l'un ou l'autre de ces deux principes, toute libéralité postérieure doit lui être interdite. Mais alors on tombe de Charybde en Scylla, et, pour éviter de violer, soit les art. 1083 et 1093, soit l'art. 1098, on viole outrageusement l'art. 913. Décidera qui pourra.

Lorsque les enfants auront reçu des donations en avancement d'hoirie, ces donations ne modifieront aucunement la composition active de la masse à partager, et par conséquent la part d'enfant. Les biens donnés devront être rapportés à la masse, et c'est sur la masse ainsi composée, que se calculera la part d'enfant. Il est vrai que l'art. 857 décide que les légataires et donataires ne peuvent ni demander le rapport, ni en profiter; mais il est certain que cela signifie simplement, que les légataires ne peuvent pas se faire attribuer les biens rapportés, en payement de leurs legs, en cas d'insuffisance des biens existants. Or, dans l'espèce, l'époux donataire ne prétend pas prendre la part d'enfant, ou toute autre libéralité qui lui aurait été faite, sur les biens rapportés; il demande simplement une réunion fictive de ces biens aux biens existants, afin de calculer le disponible exceptionnel de l'art. 1098.

Remarquons que le rapport profitera à l'époux, en ce sens que, si l'un des enfants a reçu un avancement d'hoirie considérable, cet avancement d'hoirie sera imputé sur la réserve de tous les enfants, *in globo*, et non comme on l'a soutenu à tort : 1° sur sa part de réserve; 2° sur la quotité disponible. En effet, par suite du rapport, la donation en avancement d'hoirie est résolue *in præteritum*, et les biens ainsi rapportés doivent être considérés comme biens héréditaires, au même titre que les biens existants.

Mais, ce que nous venons de dire suppose que l'héritier donataire en avancement d'hoirie accepte la succession, et il peut arriver qu'il la répudie, pour s'en tenir à sa donation. Dans ce cas, il doit être considéré comme n'ayant jamais été héritier (art. 785); en conséquence : 1° il peut retenir les biens qui lui ont été donnés, jusqu'à concurrence de la quotité disponible (art. 845); 2° la donation qui lui a été faite, est imputée sur la quotité disponible; 3° il ne doit être compté, ni pour le calcul du disponible ordinaire, ni pour le calcul du disponible exceptionnel de l'art. 1098. Ceci nous montre que la question tant discutée, de savoir si le renonçant doit être compté pour le calcul de la réserve et de la quotité disponible, peut présenter un intérêt, même lorsque le disponible ordinaire de l'art. 913 est invariable, ce qui arrive lorsqu'il y a au moins trois enfants acceptant, puisque nous rencontrons, dans notre art. 1098, un disponible toujours variable.

Ajoutons, pour être complet, que tout ce que nous venons de dire de l'enfant renonçant, doit être dit de l'enfant écarté de la succession, pour cause d'indignité.

Il suffit, avons-nous vu, qu'il existe un enfant d'un précédent mariage, pour qu'il y ait lieu à l'application de l'art. 1098, et les enfants communs à l'époux donateur et au second époux donataire, comptent pour la fixation de la part d'enfant. Il est rationnel, dès lors, d'accorder à ces enfants l'action en réduction, tout comme aux enfants du précédent mariage. Leur présence diminue le disponible de l'époux dans une certaine mesure, et augmente d'autant la réserve, qui forme une succession *ab intestat*, défendue contre des excès de libéralités au profit du second conjoint, succession *ab intestat* à laquelle ils sont appelés, par l'art. 745, au même titre et avec les mêmes droits que les autres enfants; donc, ils doivent avoir l'action en réduction. Il faut d'autant plus le décider ainsi, que l'art. 1098 a la même forme de rédaction que les art. 913 et 915. Ce qu'il fixe, c'est le disponible au profit de l'époux. La réserve, à son encontre, n'est fixée que par voie de conséquence, *forma negandi;* elle reste dans la succession pour y être recueillie d'après les règles ordinaires. Or, on ne comprendrait vraiment pas comment les enfants communs seraient privés de l'action en réduction, alors qu'ils ont le droit de succession réservée, dont l'action en réduction n'est que la sanction. Pothier enseignait cette doctrine (*Traité du contrat de mariage*, n° 567), et rien ne peut faire croire que les rédacteurs du Code aient abandonné ici leur guide habituel. Bien plus, tout nous porte à croire le contraire. Nous aurons néanmoins à examiner plus tard, s'il ne faut pas faire exception à notre doctrine actuelle, dans le cas particulier des art. 1496 et 1527.

Un homme ayant adopté un enfant, se marie postérieurement à l'adoption. L'adopté jouirat-il, dans ce cas, de la réserve exceptionnelle de l'art. 1098? Il nous semble impossible d'adopter sur ce point l'affirmative. Il est vrai que l'article 350 accorde à l'adopté, « sur la succession de l'adoptant, les mêmes droits qu'y aurait l'enfant né en mariage. » Mais, cet article n'a évidemment en vue que la situation ordinaire et normale d'un enfant. Il lui accorde le droit de succession *ab intestat*, à l'exclusion des ascendants et collatéraux, et la réserve de l'article 913. Quant aux situations exceptionnelles, elles sont réglées par des articles spéciaux, tels que l'art. 1098 et une disposition légale restrictive du droit de disposer, c'est-à-dire de l'un des attributs les plus importants du droit de propriété (art. 544), doit toujours être interprété restrictivement. Or, le texte de l'art. 1098 résiste énergiquement à l'opinion que nous combattons. L'adoptant, célibataire jusque-là, s'est marié postérieurement à l'adoption; il nous semble impossible de réduire, en vertu de l'article 1098, les libéralités qu'il a faites à son conjoint : 1° parce que l'enfant adoptif n'est pas un enfant *d'un autre lit;* 2° parce que l'adoptant n'a pas contracté *un second ou subséquent mariage;* 3° parce que le conjoint gratifié n'est pas *un nouvel époux*. Donc l'art. 1098 s'oppose à cette réduction par les termes qu'il emploie pour qualifier : 1° ceux au profit desquels il introduit une réserve spéciale; 2° celui dont les libéralités sont ainsi réduites à un disponible exceptionnel; 3° celui qui devra subir cette réduction. Et l'on voudrait appliquer cet art. 1098! Cela nous paraît absolument impossible.

Si, maintenant, on suppose que le premier époux de l'adoptant, avec lequel il s'était marié postérieurement à l'adoption, étant décédé sans qu'il y ait un enfant de ce mariage, l'adoptant a convolé à de secondes noces, nous n'appliquerons pas davantage l'article 1098. Il est cependant un cas dont la solution nous semble assez délicate. Un homme a été adopté par deux époux dont le mariage était resté stérile (article 344); l'un des deux parents adoptifs étant décédé, le survivant se remarie. Faut-il appliquer à ce second conjoint l'art. 1098? Dans ce cas, il y a un homme ou une femme qui a contracté un second mariage, il y a aussi un nouvel époux. Y a-t-il un enfant d'un autre lit? On serait presque tenté de le décider, car l'adoption imite la nature, et lorsqu'elle émane de deux époux, dont le mariage était demeuré stérile, l'adopté semblerait bien devoir être considéré comme l'enfant de ce mariage. Nous déciderons cependant, qu'il faut encore ici ne point appliquer l'article 1098; parce que l'adoption n'imite la nature qu'imparfaitement; parce qu'elle est une création arbitraire du législateur humain; parce que, dès lors, elle n'est que ce que les rédacteurs du Code l'ont voulue faire et ne produit d'autres effets, n'établit d'autres rapports juridiques que ceux qui résultent des textes même de la loi.

Il est bien entendu, que si l'adoptant s'est marié postérieurement à l'adoption et, qu'ayant eu des enfants de ce premier mariage, il se soit remarié, l'enfant adoptif profitera de la disposition de l'art. 1098 et aura l'action en réduction résultant de cet article, par les mêmes motifs qui nous ont porté à faire profiter les enfants du second lit de cette disposition exceptionnelle et à leur accorder cette action en réduction. Dès l'instant qu'il y a des enfants d'un premier lit, l'art. 1098 devient applicable. Le disponible vis-à-vis du nouveau conjoint se trouve réduit; à son encontre, la réserve se trouve augmentée d'autant, et tous ceux qui sont appelés à la succession *ab intestat* en profitent. C'est ainsi que l'enfant naturel lui-même en profiterait, quoiqu'il soit hors de toute controverse, qu'en l'absence d'enfants légitimes issus d'un premier lit, il ne pourrait se prévaloir de l'article 1098.

La présence simultanée d'un enfant naturel et d'enfants issus d'un premier lit, donne lieu à des difficultés, qui demandent à être examinées. Il faut savoir que le *quantum* de la réserve de l'enfant naturel est fixé par la combinaison des art. 757 et 758 avec l'art. 913, c'est-à-dire que l'on procède, par rapport à la réserve, comme l'art. 757 procède pour la fixation de la portion *ab intestat*. En conséquence, cette réserve sera, dans l'espèce qui nous occupe, du tiers de la réserve qu'aurait eue l'enfant naturel, s'il eût été légitime. En outre, il faut savoir que la réserve de l'enfant naturel nuit à ceux auxquels aurait nui la réserve, s'il eût été légitime. Quand il s'agira donc, de fixer le disponible exceptionnel de l'art. 1098, la réserve de l'enfant naturel diminuera aussi bien la part de chacun des enfants, que le disponible au profit de l'époux.

Mettons ces principes en œuvre.

Supposons 120,000 francs; un nouvel époux, auquel son conjoint a légué tout ce dont il pouvait disposer en sa faveur, un enfant légitime d'un précédent lit et un enfant naturel. S'il eût été légitime, l'enfant naturel n'aurait pas empêché le nouveau conjoint de recevoir 1/4; donc, le conjoint prendra, dans notre espèce, 1/4, soit 30,000 francs. Dans les 90,000 francs restant, l'enfant naturel prendra 1/6, soit 15,000 francs, et l'enfant légitime 5/6, soit 75,000 francs.

Supposons deux enfants légitimes, en conservant, du reste, tous les autres éléments de l'espèce précédente. Ici encore, l'enfant naturel, en le supposant légitime, n'eût pas empêché le nouveau conjoint de recevoir 1/4; donc cet époux prendra 30,000 fr., et les 90,000 fr. restant seront partagés ainsi qu'il suit : 4/9 à chacun des enfants légitimes, soit 40,000 fr., et 1/9 à l'enfant naturel, soit 10,000 francs.

Supposons maintenant, toujours dans la même espèce, trois enfants légitimes Ici, l'enfant naturel, s'il eût été légitime, eût, par sa présence, réduit le nouveau conjoint à 1/5, soit 24,000 fr.; chacun des enfants légitimes aurait eu également 24,000 fr.; reste 24,000 fr. pour l'enfant naturel. Cet enfant n'en prendra que le tiers, soit 8,000 fr.; il reste donc 16,000 fr. à partager par portions égales entre les trois enfants légitimes et le conjoint, ce qui élève la part de chacun d'eux à 28,000 francs. Nous n'avons pas besoin de continuer l'examen de cette espèce, en augmentant le nombre des enfants légitimes. On voit quelle est la marche à suivre.

Une difficulté s'élève sur la fixation du disponible vis-à-vis des nouveaux époux, lorsqu'il y a eu plusieurs convols successifs du disposant. Peut-on donner à chaque nouvel époux une part d'enfant, sauf à ne pas excéder le disponible ordinaire? Ou bien, une part d'enfant à chacun également, sauf à ne pas excéder le quart. Ou, enfin, ne peut-on donner en tout, qu'une part d'enfant? Le premier de ces systèmes est évidemment insoutenable. Il néglige sans motif, les derniers mots de notre article: « ...sans que, dans aucun cas, ces donations « puissent excéder le quart des biens. » Le deuxième système est moins contraire au texte, puisqu'il respecte la limitation au quart. S'il faut en croire ses partisans, le Code ayant parlé d'un second ou subséquent mariage et d'un nouvel époux, a voulu justement dire que chaque nouvel époux pourrait recevoir une part d'enfant, pourvu que le tout n'excédât pas le quart. Mais, c'est là prêter gratuitement au législateur une opinion qu'il n'a pas eue. Nous savons, en effet, par les travaux préparatoires, comment furent ajoutés ces derniers mots : « sans que, « dans aucun cas, ces donations puissent excé- « der le quart des biens. » Cette addition est due au conseiller d'État Berlier, lequel n'a eu nullement en vue le cas de plusieurs convols successifs, mais bien, ainsi qu'il le dit lui-même, le cas où le conjoint se serait trouvé en présence d'un seul ou de deux enfants. C'est en prévision de ce cas que ces derniers mots furent ajoutés, pour empêcher le nouvel époux de recevoir, soit le tiers, soit la moitié, alors, qu'aux termes de l'art. 1094, en présence d'un ou deux enfants communs, il ne pourrait recevoir qu'un quart en propriété et un quart en usufruit. Il ne fut donc rien statué, ni même prévu (les travaux préparatoires en font foi) à l'égard du cas qui nous occupe. Nous nous trouvons donc sous l'influence des anciens principes, et nous savons que, d'après les termes mêmes de l'édit des secondes noces, tous les nouveaux époux ne pouvaient recevoir ensemble, qu'une seule part d'enfant. Tel est encore aujourd'hui l'avis le plus généralement adopté, et avec raison, croyons-nous, puisque les rédacteurs du Code, ainsi que nous venons de le montrer, n'ont nullement manifesté l'intention de s'écarter sur ce point des anciens principes.

Supposons qu'un homme, ayant deux enfants d'un précédent lit, ait donné le tiers de ses biens à son nouvel époux, et la différence du tiers au quart, c'est-à-dire un douzième à un étranger. Si les enfants poursuivent en réduction le donataire étranger, comme ayant reçu la dernière libéralité, ce donataire pourra-t-il répondre aux enfants : Votre réserve est complète, car votre *noverca* a reçu en plus du disponible exceptionnel de l'art. 1098 un douzième, et, si vous agissez en réduction contre elle, ce à quoi je vous renvoie, votre réserve sera ainsi complétée? Ou bien les enfants pourront-ils lui dire : C'est vous qui êtes le donataire postérieur en date, et, par conséquent, c'est vous qui devez subir le premier la réduction. Dès que nous vous poursuivons suivant l'ordre fixé par la loi, vous n'avez aucune objection à faire. Nous n'avons à examiner ensemble que la question de savoir si les libéralités excèdent le disponible ordinaire, les règles sur le disponible exceptionnel n'ont pas été introduites en votre faveur, et l'art. 921 dit que « les donataires et les légataires ne

« peuvent demander la réduction ni en profi-« ter. » Nous pensons qu'en opposant contre l'action en réduction des héritiers à réserve, que la *noverca* a reçu au delà du disponible dont elle pouvait être gratifiée, le donataire, au profit duquel le défunt était autorisé à disposer de la quotité disponible ordinaire, ne demande pas lui-même la réduction des dispositions dont il s'agit, mais renvoie simplement les héritiers à la demander, s'ils le veulent, et qu'il prétend bien moins profiter d'une pareille réduction, qu'il ne cherche à conserver ce dont le défunt a valablement disposé en sa faveur. Le système des enfants peut se traduire ainsi : il nous plaît de faire un cadeau à notre belle-mère, en puisant dans votre poche. Bien mieux, qu'est-ce qui empêcherait donc ces enfants de faire réduire leur belle-mère, après avoir fait réduire l'étranger? Quel moyen de défense aurait-elle contre eux? L'art. 1098, lui diraient-ils, est formel; il vous défend de recevoir plus du quart; or, vous avez le tiers, rendez-nous la différence. Ce qui s'est passé entre nous et le donataire étranger ne vous regarde nullement, car, dans nos rapports respectifs, il ne s'agit pas de savoir si nous avons notre réserve entière, mais bien si vous avez reçu plus que le disponible exceptionnel. Voilà donc la belle-mère réduite, et alors revient le donataire étranger, qui dit : Je suis dans le droit commun, et je ne puis être réduit qu'autant que vous n'avez pas votre réserve complète : or, vous l'avez; donc, ma donation doit produire ses effets. Le système que nous combattons est donc, dans l'impossibilité de manœuvrer, et la vérité est qu'il doit son origine à la difficulté, dans laquelle se sont trouvés les interprètes, de donner un sens raisonnable à des mots qui sont complètement inutiles, et qui se sont sans sans doute, glissés par erreur dans l'art. 921.

Pour savoir si le disponible exceptionnel de l'art. 1098 est dépassé, il faut former la masse, conformément aux dispositions de l'art. 922, et nous avons déjà vu qu'il fallait ici obéir à tous les principes de la matière, sans exception aucune. La masse étant ainsi formée, on additionnera la valeur des diverses libéralités faites au conjoint, et on le réduira, s'il y a lieu. Toutes les libéralités par lui reçues, sont soumises à cette réduction et entrent en ligne de compte, quelle que soit, du reste, leur nature : donations de biens présents par contrat de mariage, donations de biens à venir par contrat de mariage, donations de biens présents ou donations de biens à venir pendant le mariage.

Bien plus, certaines conventions matrimoniales, même tacites, et qui sont considérées comme contrats à titre onéreux, seront, en cas de convol, considérées comme étant des actes à titre gratuit, de telle sorte que les avantages qui en résulteraient pour une *noverca* ou un *vitri-*

cus, seraient soumis à la réduction au disponible exceptionnel de l'art. 1098. C'est ce qui résulte de l'art. 1496 et du dernier paragraphe de l'article 1527.

Ces importantes dispositions sont ainsi conçues :

« Art. 1496. Tout ce qui est dit ci-dessus « sera observé, même lorsqu'un des époux ou « tous deux auront des enfants de précédents « mariages. Si toutefois la confusion du mobi- « lier et des dettes opérait, au profit de l'un des « époux, un avantage supérieur à celui qui est « autorisé par l'art. 1098, au titre des Donations « entre-vifs et des Testaments, les enfants du pre- « mier lit de l'autre époux auront l'action en « retranchement. »

« Art. 1527. ... Néanmoins, dans le cas où il « y aurait des enfants d'un précédent mariage, « toute convention qui tendrait dans ses effets « à donner à l'un des époux au delà de la por- « tion réglée par l'art. 1098, au titre des Dona- « tions entre vifs et des Testaments, sera sans « effet pour tout l'excédant de cette portion ; « mais les simples bénéfices résultant des tra- « vaux communs et des économies faites sur les « revenus respectifs, quoique inégaux, des deux « époux, ne sont pas considérés comme un « avantage fait au préjudice des enfants du « premier lit. »

Ainsi, un homme ayant des enfants d'un précédent mariage, se remarie sans contrat de mariage, et son nouveau conjoint n'a aucune fortune. La partie mobilière du patrimoine du mari va tomber dans la communauté. Lorsqu'après la dissolution du mariage et l'acceptation de cette communauté par la veuve, il sera procédé au partage des biens qui la composent, on devra considérer comme avantage réductible, dans les limites de l'art. 1098, l'émolument de la femme dans cette communauté. Ainsi, si la communauté se compose de valeurs s'élevant à 100,000 fr. au plus, la femme sera considérée comme ayant reçu une libéralité de 50,000 francs; si la communauté n'a plus que 60,000 francs, la femme sera considérée comme ayant reçu une libéralité de 30,000 francs. Il est bien entendu que ces 50,000 fr., ou ces 30,000 fr., selon les cas, doivent être réunis à la masse fictivement; et augmenter ainsi, dans une certaine proportion, le disponible fixé par l'art. 1098.

Si nous trouvions dans la communauté, lors de sa dissolution, plus de 100,000 fr., la part de la femme dans le surplus n'est pas considérée comme une libéralité qu'elle a reçue, parce que cette part se compose de bénéfices *résultant des travaux communs et des économies faites sur les revenus inégaux des deux époux*, lesquels bénéfices ne sont pas considérés, ainsi que nous l'apprend l'art. 1527, comme un avantage fait au préjudice des enfants du premier lit.

Autre exemple. On peut supposer que la nouvelle femme non-seulement n'a rien, mais encore qu'elle est grevée de dettes mobilières, lesquelles tombent dans la communauté. Dans ce cas, si ces dettes ont été payées par la communauté, elle sera considérée, si elle accepte, comme ayant reçu une libéralité égale à la moitié du montant de ses dettes, et, si elle renonce, comme ayant reçu une libéralité égale au montant intégral de ses dettes.

On considérera également comme libéralité, toute convention, ayant pour but de modifier la communauté légale, et de laquelle résulterait un avantage quelconque pour le nouvel époux, sauf, bien entendu, l'exception résultant des derniers mots de l'art. 1527. Telle serait, par exemple, la stipulation d'un préciput au profit du nouveau conjoint.

Il s'est présenté à cet égard une difficulté sérieuse. Une femme ayant des enfants d'un précédent lit, et une fortune assez considérable, convole à de secondes noces avec un homme sans fortune aucune. Le contrat de mariage porte que les époux se marient sous le régime de la communanté réduite aux acquêts, et que ladite communauté appartiendra en totalité au survivant des deux époux. C'est le mari qui survit, et l'on se demande si les enfants que la femme a eus d'un précédent lit pourront considérer comme une libéralité réductible, dans les limites de l'art. 1098, l'attribution, qui lui a été faite par le contrat de mariage, de toute la communauté d'acquêts. Le mari dira : Cette communauté qui m'est attribuée en totalité par le contrat de mariage, étant une communauté d'acquêts, n'est qu'un ensemble de *simples bénéfices résultant*....... etc., et il récite la fin de l'art. 1527. Les enfants répondront : Il est vrai que l'art. 1527 considère comme résultant d'un contrat à titre onéreux, les simples bénéfices résultant des travaux communs et des économies faites sur les revenus inégaux des deux époux, mais cela veut dire simplement que les enfants du précédent lit ne peuvent pas venir dire au nouveau conjoint : Votre part dans cet ensemble de bénéfices doit être considérée, en tout ou en partie, comme un avantage à titre gratuit, parce que vos revenus étaient inférieurs à ceux de notre auteur. La stipulation du contrat de mariage que nous attaquons a une bien autre portée, puisqu'elle vous attribue, non seulement votre part, votre moitié dans cet ensemble de bénéfices, mais encore la part qui devrait appartenir à notre mère, donc, elle constitue pour cette moitié une véritable libéralité. Mais, dira le mari, si votre mère s'était remariée sous le régime exclusif de communauté (art.

1530, 1535), ou bien encore sous le régime dotal, avec stipulation que tous ses biens présents et à venir seraient dotaux, l'ensemble des bénéfices que vous me contestez m'appartiendrait bien, sans que vous puissiez prétendre que j'en prends une partie à titre gratuit. C'est là, certainement, un argument puissant, mais nous croyons que l'on peut y répondre victorieusement. Lorsque les époux acceptent l'un des deux régimes dont on vient de parler, leur idée est que le mari reçoit la jouissance des biens de la femme pour subvenir aux charges du mariage, qui forment l'équivalent de cette jouissance. Ces revenus suffiront-ils ou non pour subvenir à ces charges, nul ne le sait; c'est l'affaire du mari. Ici donc, il n'y a même pas l'apparence d'un acte à titre gratuit. Au contraire, lorsque les époux ont stipulé une communauté d'acquêts, leur idée a été que l'ensemble de leurs revenus respectifs suffirait, et au delà, aux besoins du ménage, et ils ont entendu qu'il y aurait partage de l'ensemble des économies accumulées. Si donc, ce partage n'a pas eu lieu, par suite d'une clause, qui attribue la communauté d'acquêts à l'un des deux époux, on comprend très-bien que la loi, toujours soupçonneuse vis-à-vis d'un nouveau conjoint, déclare, en faveur des enfants d'un premier lit, qu'il y a là une libéralité réductible dans les limites de l'art. 1098.

Ces derniers mots de l'art. 1496 : « Les en« fants du premier lit, de l'autre époux, auront « l'action en retranchement, » ont fait naître la question de savoir si les enfants communs profiteraient de ce retranchement. On est, sur ce point, d'accord pour décider qu'ils en profitent, parce que les biens rentrés dans la succession *ab intestat*, obéissent à l'art. 745. Mais, alors, on s'est demandé si ces enfants auraient l'action en réduction contre le nouvel époux, qui est leur père ou leur mère. Certains auteurs la leur refusent, en se fondant sur les termes de l'article 1496 et aussi sur les derniers mots de l'article 1527. D'autres, en plus grand nombre, leur accordent l'action en réduction dans ce cas, tout comme lorsqu'il s'agit de libéralités ordinaires. Étant admis que les enfants communs profitent de la réduction, il semble difficile de leur refuser l'action en réduction et de prêter au législateur cette singulière théorie, qui consisterait à avoir accordé à ces enfants, dans la succession de leur père ou mère, une certaine portion qu'ils recueilleraient ou ne recueilleraient pas, selon le caprice de leurs frères et sœurs du premier lit. Dans cette seconde opinion, on argumente de ce qui avait lieu en droit romain, dans un cas à peu près analogue. L'enfant institué pour une portion quelconque, dans le testament paternel ne pouvait pas, en principe, demander la *bonorum possessio contra tabulas*, et pouvait néanmoins la demander *commisso per alium edicto,* lorsque ce droit était ouvert au profit d'un de leurs frères ou sœurs omis; de telle sorte que, dans ce cas, l'enfant institué obtenait, par suite de l'omission d'un autre, plus qu'il n'aurait obtenu en vertu de son institution (L. 3, § 11; L. 8, § 14,; D., *De bon. poss. contr. tab.*; L. 25, § 1; D., *De legat. præst. contr. tab.*). Ce second système nous semble préférable au premier; mais nous les rejetons tous deux, parce qu'il nous paraît impossible d'admettre le point de départ qui leur est commun. Nous pensons, en effet, que les derniers mots des art. 1496 et 1527 sont trop formels pour qu'on puisse admettre qu'il s'agit ici d'une réduction, dont profitent d'autres que les enfants du premier lit. Il est vrai que nous avons décidé tout autrement en ce qui touche la réduction résultant de l'art. 1098 lui-même, mais bien autre est la rédaction de l'art. 1098. D'après cet article, dès l'instant qu'il existe des enfants de précédents lits, le disponible au profit de l'époux se trouve réduit à la quotité fixée par cet article; dès lors, tout ce qui dépasse cette quotité reste dans la succession *ab intestat*, pour y être recueilli d'après les principes ordinaires (art. 745). Quant à l'argument que l'on tire de cet art. 745, il repose sur une erreur. Les biens retranchés, en vertu des art. 1496 et 1527, ne rentrent pas dans la masse de la succession au regard de tous les enfants, ils n'y rentrent qu'au regard des enfants du premier lit. Oh! certainement, si l'on ne forme qu'une seule masse, il est bien évident que ces biens ainsi retranchés, doivent être partagés également entre tous les enfants, et que, dès lors, ils doivent tous avoir l'action en réduction. Mais la vérité est qu'il faut ici former deux masses, et que la réserve, vis-à-vis du nouveau conjoint, se calculera sur l'une de ces masses, par rapport aux enfants du premier lit, et sur une autre masse moindre, par rapport aux enfants du nouveau lit. Cela n'a rien d'extraordinaire, et nous trouvons un exemple de calcul analogue dans l'art. 918. Un père a aliéné au profit de l'un de ses enfants un immeuble moyennant une rente viagère de 1,000 fr.; il y a deux autres enfants; l'un de ces deux enfants a consenti à l'aliénation faite au profit de son frère, l'autre n'a pas voulu y consentir. Vis-à-vis du deuxième, l'aliénation de l'immeuble constitue une donation dispensée du rapport, imputable sur la quotité disponible et réductible pour le surplus; tandis que, vis-à-vis du premier, c'est un acte à titre onéreux. En conséquence, la réserve du second sera calculée sur une masse, dans laquelle entrera l'immeuble aliéné, tandis que la réserve du premier sera calculée sur une masse, dans laquelle cet immeuble n'entrera pas. C'est d'une manière identique qu'il faut, croyons-nous, procéder dans notre espèce. Prenons un exemple : *Primus* a eu de *Prima*, sa première femme, deux enfants, et de son second mariage avec *Secunda*, deux autres enfants. Il s'est marié en secondes noces, sous le régime de la communauté légale, apportant à cette communauté 100,000 fr. de biens meubles, tandis que son nouveau conjoint n'y apporte rien. Ces 100,000 fr., ainsi apportés à la communauté, s'y retrouvent lors de sa dissolution, et la communauté est acceptée par *Secunda*. *Primus* laisse, toutes dettes payées, outre sa part de communauté valant 50,000 fr., des immeubles valant 80,000 fr. Vis-à-vis des enfants du premier lit, la masse se compose de 180,000 fr.; vis-à-vis des enfants du second lit, elle ne se compose que de 130,000 fr., dont ils prennent chacun le quart, soit 32,500 fr. Quant aux enfants du premier lit, ils diront au conjoint survivant : Vous avez reçu 50,000 fr., alors que vous ne pouviez recevoir que le cinquième de 180,000 fr., soit 36,000 fr., vous devez donc être réduit de 14,000 fr., ce qui donnera à chacun des enfants 39,500 fr.

De même, si nous supposons plusieurs convols successifs, des enfants de tous les lits et des avantages tombant sous l'application des art. 1496 et 1527, faits à tous les nouveaux conjoints, les enfants du premier lit calculeront leur réserve sur une masse, dans laquelle entreront tous les avantages, résultant du contrat de mariage de chaque nouveau conjoint; ceux du second calculeront leur réserve sur une masse semblable, moins toutefois la déduction de l'avantage fait au nouveau conjoint dont ils sont issus, et ainsi de suite (1).

Que doit-on décider relativement aux donations faites au nouvel époux, antérieurement au second mariage? Il est évident que si elles n'atteignent pas le disponible exceptionnel de l'art. 1098, le nouvel époux ne pourra recevoir, par contrat de mariage ou pendant le mariage, que la différence entre la valeur des biens qui lui ont été donnés et le disponible exceptionnel. Mais, ne devrait-on pas maintenir ces donations lorsque, quoique excédant le disponible exceptionnel, elles n'excèdent pas le disponible ordinaire? Nous croyons que c'est là la règle qui doit être suivie, à moins toutefois que la donation dont il s'agit, n'ait été faite dans un temps rapproché des secondes noces et dans le but de frauder l'art. 1098. *Fraus omnia corrumpit.*

A la suite de notre art. 1098, nous trouvons

---

(1) Nous croyons savoir que ce dernier système a été enseigné par M. Vernet, agrégé à la Faculté de droit, dans ses Conférences de 3e année.

deux dispositions, qui ont pour but de servir de sanction, non-seulement aux règles sur la quotité disponible entre époux (art. 1094 et 1098), mais aussi à la règle de la révocabilité essentielle des donations entre époux, pendant le mariage (art. 1096). Étudions séparément chacune de ces deux dispositions.

Art. 1099 : « Les époux ne pourront se donner « indirectement au delà de ce qui leur est per- « mis par les dispositions ci-dessus. — Toute « donation ou déguisée, ou faite à personnes « interposées, sera nulle. »

Ainsi, la loi frappe de nullité les donations entre époux lorsqu'elles sont déguisées ou faites à personnes interposées. Le déguisement ou l'interposition de personnes change la nature de la sanction ; au lieu de la réduction, ce sera la nullité. Quant aux donations indirectes, elles sont simplement réductibles.

Quand donc y aura-t-il donation indirecte, quand y aura-t-il, au contraire, donation déguisée ? Il y aura donation déguisée, toutes les fois que la libéralité se cache sous l'apparence d'un contrat à titre onéreux. Il y a, au contraire, libéralité indirecte lorsque, sans emprunter la forme d'un contrat à titre onéreux et sans prendre aucun déguisement, la libéralité résulte d'un acte dont, en général, ne résulte pas d'avantages, mais qui, dans l'espèce, est fait dans ce seul but. Ainsi, nous dirons qu'il y a donation indirecte, lorsqu'une personne renonce à un legs pour faire profiter son colégataire du droit d'accroissement.

Il est évident que la nullité prononcée contre les donations entre époux, lorsqu'elles sont déguisées ou faites à personnes interposées, n'existe pas de plein droit. Elle doit être prononcée en justice. Mais dans quel délai? Nous pensons que les héritiers du donateur n'auraient que dix ans, à partir de la dissolution du mariage, pour la faire prononcer. Il ne s'agit plus en effet d'indisponibilité, mais d'une incapacité particulière aux époux entre eux. L'art. 1304 est applicable (1) et comme conséquence de ce qu'il s'agit d'incapacité, il faut reconnaître que le donateur lui-même pourrait faire annuler la donation déguisée ou faite par personnes interposées, pendant la durée du mariage et même pendant les dix ans qui suivent sa dissolution, puisque la prescription ne court pas entre époux (art. 2253).

L'art. 1100 contient des présomptions d'in-

---

(1) Sauf le cas particulier et fort rare d'un legs fait au conjoint par personnes interposées, auquel cas le délai pour opposer la nullité sera de trente ans.

terposition de personnes qui ne sont applicables qu'entre époux.

Atr. 1100. « Seront réputées faites à person-« nes interposées, les donations de l'un des « époux aux enfants ou à l'un des enfants de « l'autre époux issus d'un autre mariage, et cel-« les faites par le donateur aux parents dont « l'autre époux sera héritier présomptif au jour « de la donation, encore que ce dernier n'ait « point survécu à son parent donataire. »

Il est bon de remarquer la différence qu'introduit notre article, entre la libéralité faite aux enfants que l'époux a eus d'un précédent lit, cas auquel il y a présomption d'interposition de personnes, et la libéralité faite à un enfant commun, cas auquel cette présomption n'existe pas. Le motif de la différence est trop clair pour que nous prenions la peine de le développer.

La présomption légale, contenue dans notre art. 1100, étant une présomption sur le fondement de laquelle la loi annule un acte, n'admettra jamais la preuve contraire.

La présomption d'interposition contenue dans l'art. 1100 n'empêcherait pas les héritiers de prétendre qu'une personne, non comprise dans la présomption légale de notre article est, en fait, interposée entre le donateur et son conjoint. Mais, la présomption légale faisant défaut, ce serait à eux de faire la preuve de cette interposition de personnes.

Remarquons en finissant que la nullité des donations déguisées ou faites à des personnes interposées étant une sanction de la révocabilité des donations entre époux, pourra être demandée par les héritiers quelconques du défunt, alors même qu'ils ne seraient pas réservataires.

POSITIONS.

DROIT ROMAIN.

I. Le *litiscontestatio* n'a pas pour effet de faire courir les intérêts d'une créance garantie par une action *stricti juris*.

II. Lorsque le pupille qui avait dépassé l'*infantia*, agissait *sine tutoris auctoritate*, il n'en résultait, avant Antonin le Pieux, aucune obligation ni civile, ni naturelle. Cet empereur décida que le pupille serait obligé civilement *quatenus locupletior factus esset*, et les prudents, postérieurs à Antonin le Pieux, admirent dès lors que, lorsqu'il ne s'était pas enrichi, il était obligé naturellement. Les effets de cette obligation étaient opposables, non-seulement aux tiers, mais encore au pupille lui-même.

III. Les pactes adjoints à un contrat *stricti juris* ne produisent pas d'action.

IV. La règle Catonienne ne s'applique pas aux institutions d'héritier. *Nec obstat lex* 4, D. *De reg. Cat.*

V. Lorsqu'il s'agit du calcul de la quarte légitime, pour savoir si la plainte d'inofficiosité appartient ou non à un légitimaire, il faut, dans tous les cas et sans exception, compter tous ceux qui seraient venus avec lui à la succession *ab intestat*. Lorsque, au contraire, cette première question étant résolue affirmativement, il s'agit de savoir à qui reviendra l'hérédité après la rescision du testament, il faut, dans ce cas, faire concourir avec le légitimaire victorieux ceux de ses cohéritiers *ab intestat* qui, ayant reçu leur quarte, n'ont jamais eu la plainte d'inofficiosité et ceux qui auraient encore le droit de l'intenter, et décider que la part de ceux qui, ayant eu ce droit, l'ont perdu, accroît tout entière à ceux dont nous venons de parler.

VI. Par la constitution qui forme la loi 16, au Code, *De usufr.*, Justinien a supprimé l'extinction de l'usufruit par le non usage, et l'a remplacée par une *usucapio libertatis*, avec toutes les conditions requises pour l'usucapion de la pleine propriété. (*Justa causa et bona fides.*)

VII. L'action dont il est question dans le paragraphe 5, *De act.*, aux Institutes, n'a jamais été appelée Publicienne rescisoire. C'était tantôt la Publicienne ordinaire, avec refus de l'*ex-*

ceptio justi dominii; tantôt une *rei vindicatio rescisa usucapione*.

VIII. L'*infantia* commençait à la naissance et finissait à l'âge de sept ans. La *proximitas infantiæ* allait jusqu'à vers dix ans et demi, et la *proximitas pubertati* jusqu'à la puberté. Il faut rejeter le système de ceux qui prétendent que l'*infantia* cessait dès l'instant que le pupille pouvait prononcer des paroles, sans qu'il fût nécessaire qu'il en comprît le sens.

DROIT FRANÇAIS.

I. Dans le cas d'un second mariage contracté par le conjoint d'un absent, cet absent et son mandataire n'ont pas seuls le droit d'attaquer le mariage; il faut reconnaître le même droit à tous les intéressés et au ministère public, dans le cas où l'existence de l'absent est démontrée.

II. Quand la renonciation de l'héritier a été annulée comme faite en fraude des droits de ses créanciers, l'héritier subséquent, qui avait accepté la succession et qui s'en voit dépouillé dans la mesure des droits de ceux-ci, a un recours contre le renonçant.

III. Il n'existe dans nos lois aucun empêchement au mariage des prêtres.

IV. L'enfant né trois cents jours après la dissolution du mariage ne peut point être déclaré légitime par les tribunaux.

V. Les servitudes continues et apparentes s'acquièrent par la prescription de dix à vingt ans.

VI. L'enfant indigne ou renonçant ne compte pas pour la fixation de la quotité disponible et de la réserve.

VII. Lorsqu'il y a eu plusieurs mariages successifs, on ne peut donner à tous les époux ensemble qu'une part d'enfant le moins prenant.

VIII. La revendication dont parle l'art. 2102-4°, Code Napoléon, n'est autre chose que la reprise de possession du meuble vendu, sans résolution de la vente.

IX. Celui qui s'est porté garant d'un donateur, n'est tenu, vis-à-vis du donnataire, d'aucune garantie contre l'action en réduction des héritiers à réserve.

X. L'héritier, qui, depuis le jour de l'ouverture de la succession, a passé 30 ans dans l'inaction, est désormais étranger à la succession.

DROIT CRIMINEL.

I. La question préjudicielle de validité du

premier mariage doit être admise contre une accusation de bigamie.

II. L'étranger jugé par les tribunaux de son pays, pour un crime ou un délit commis en France, peut être poursuivi pour le même fait devant les tribunaux français.

DROIT DES GENS.

I. L'étranger peut exercer la profession d'avocat en France.

II. Les décrets des 6 avril 1809 et 26 août 1811 subsistent encore, quant à celles de leurs dispositions qui ne sont pas incompatibles avec la législation nouvelle.

Vu par le Président de la Thèse,
VALETTE.

Vu par le Doyen de la Faculté,
C.-A. PELLAT.

Permis d'imprimer :

Le Vice-Recteur,
A. MOURIER.

www.ingramcontent.com/pod-product-compliance
Ingram Content Group UK Ltd.
Pitfield, Milton Keynes, MK11 3LW, UK
UKHW020131220726
13923UKWH00001B/107